图海乡愁

记南宋藏书大家目录学家陈振孙

袁秀华　郑勇　编著

中国文史出版社

▲ 第一代图书馆（位于递铺路）

▲ 第二代图书馆（位于天目中路）

▲ 第三代图书馆（位于安吉大道南侧）

图注：陈振孙是我国古代著名藏书大家、目录学家，著有《直斋书录解题》，对后世图书馆的发展作出了极大的贡献。安吉县家乡人民秉承大师遗风，在县城递铺路和天目中路及安吉大道三易馆址、三度建馆（如图），大力推进图书馆事业的发展，全力助推安吉打造"重要窗口"的县域样本，为奋力夺取中国最美县域高质量发展新胜利贡献智慧和力量！

平生聞說張三影　十詠誰知有酒翁隆世

升平百年失興絃者矣一家同名賢序述之

辜好勝事流傳繪畫工遊擬識時生帳晚悅

如身在此圖中

　　　庚戌七月五日直齋老雙書時年七十有

　　二後六年從明州借摹得錄余所跋於卷

尾而歸之丙辰中秋後三日也

▲ 北宋张先《十咏图》卷直斋跋（含陈氏山房印）

前　言

　　陈振孙，字伯玉，号直斋，南宋安吉梅溪乡邸阁山（今安吉县梅溪镇梅溪村）人，著名藏书大家、目录学家。直斋为人仁慈，心系于民；直斋博学多才，学问渊博；直斋治学勤谨，全心育人；直斋为官正直，执法公正。

　　直斋在丰富典藏的基础上，论及作者、书的价值、内容、取材、真伪、撰述时间、学术源流、图书版本等内容，成就我国第一部以解题之名的解题目录《直斋书录解题》（以下简称《书录》）共56卷，收录图书3096种、计51180卷。

　　《书录》首创"解题"这一目录编写体例名称，著录南宋以前所有的图书最为全面。清代永瑢（1743—1790）、纪昀（1724—1805）等编纂的《四库全书总目提要》誉之不绝口，以为"古书之不传于今者，得藉是以求其崖略；其传于今者，得藉是以辨其真伪，核其异同，亦考证之所必资，不可废也"。

直斋为官刚正不阿。嘉熙三年（1239），任浙西提举时，打破200多年的"盐铁酒茶等常为官府专营"之例，"停废醋库"，允许百姓经营，使民间得以获利。淳祐四年（1244），直斋任国子监副长官时，在"嵩之起复"事件中，不畏权贵，敢于向帝王陈述意见，以求得事实真相。凡此种种。

直斋还是一位书籍保护专家。陈氏山房拥有如此丰富的藏书，自然十分注重书籍的防蛀、防霉、防虫处理。直斋有意对书籍的用纸材料、装帧形式、纸页数量进行对比研究，寻找更利于书籍长久保存的良方。同时，对一些珍贵的书籍，直斋往往"以绢素背之"。

然《宋史》无直斋之传记，明清以来，安吉志书亦未对直斋及其著作进行全面完整地整理与记载，实为一缺憾。幸有卢文弨、沈叔埏、张宗泰、陆心源、陈祺寿、陈乐素、乔衍琯、何广棪等诸位大家对直斋都有研究，但"自南宋迄今，能对直斋生平作系统而详备研究，似无其人"（何广棪语）。安吉人对这位先贤，对《书录》，特别是对直斋浓浓乡情鲜有涉足者。

笔者从2014年开始收集直斋相关资料，一路研读。试站在前人的肩膀上，厘清直斋从邸阁山下走出安吉、走出湖州、走向世界的一些印迹，哪怕些许；作为安吉乡土文化爱好者，试从乡情的角度对直斋及《书录》进行一些研究，哪怕片语。今年是直斋841周年诞辰，今整理前贤著述，睹文思贤，谨以此册寄托对直斋乡贤深切的缅怀之情。

让我们一起传承乡村文化，"记得住乡愁"。

编　者

2020年4月23日

目录

陈振孙著作

附　录

图海乡愁
TUHAI
XIANGCHOU

陈振孙小传

陈振孙的出生及成长

南宋戊子年（1168）秋，安吉梅溪乡邸阁山（又名仓山、廪山）下陈宅前，一位陈姓秀才，背着简单的行李，带着一柄油纸伞，与夫人依依惜别。他即将踏上苕溪的小舟，赴湖州府参加考试。

这位陈秀才，从小熟读四书五经，博览群书，受过良好的教育。他的夫人李氏，官宦人家出身，李氏的祖父即李素，字见素，富阳人，建炎二年（1128）进士，绍兴八年（1138）知乐清县，累官至天章阁待制，知谏院、知睦州。秀才的母亲是永嘉学者周行己（1067—1125）的三女儿。李氏、周氏家族，都是当时显赫的地方氏族。

秀才之子后来在《玉台新咏》（直斋校核本）后叙中写道："是岁十月旦日书其后。永嘉陈（伯）玉父。"据著名历史学家陈乐素先生（1902—1990）考证认为："题曰永嘉，殆举祖贯而言。"潘猛补先生的研究文章认为，秀才的祖辈似亦为永嘉人，"抑因与永嘉关系极密切"（温州师范学报，1993年第2期）。从"永嘉陈"与"富阳李"联姻来看，这种可能性极大。在古代社会，"门当户对"是择偶所考虑的一个重要原则之一，说明秀才祖上在永嘉也是显赫家族。

这年秋试秀才也未中举，加上家庭因素，他便无心求仕了。

此时的南宋，历经南渡，建都临安（杭州），经过几十年的修复发展，兵力已经可以有效抵御金兵。宋高宗便分出一部分精力发展文化教育事业。历史学家陶晋生先生在分析宋高宗性格时谈到，高宗每天早晨见大臣，下午和晚间的时间多半用于读书。他午后读《春秋》《史记》，夜间读《尚书》，他还督促臣子读《春秋》。不仅如此，官营刻书机构也萃集于临安。海宁人王国维（1877—1927）说："南渡以后，临安为行都，胄监在焉，板书之所萃集。"由于都城的辐射带动作用，湖州及安吉刻书业也一度兴盛。陈秀才秋试这一年，朝廷还修建了江南贡院（1168—1905），为"全国各省贡院之冠，创中国古代科举考场之最"。由此可见彼时文化教育之一斑。

陈秀才守着西苕溪旁祖父留下的数量可观的田产勤俭持家，屋前园子里种些蔬菜自给，平静的田园生活很快迎来了一个男婴的降生，他就是直斋。他的诞生，暂时为这个书香门第的小官僚地主家庭增加了一些忙乱，也为暗淡的陈宅带来了无限喜悦。陈秀才祖上由永嘉迁安吉，到了他这一辈，家业衰败，境况不如从前，直斋的出生，使秀才又燃起了读书中举、重振家业的希望。他给儿子取名振孙，振，本字"赈"，救济，又有振作、奋起之意；孙，古同"逊"，谦让之意，可谓用意颇深。这位"乡先生"一遍遍整理尚剩的半架残书，他要精心教育，把满腹经纶传授给自己的儿子，使他将来光耀门楣、普济世人。

关于直斋的出生时间，史无明文记载，前人虽有所考辨，但大多比较简略。幸好有何广棪教授潜心搜罗，始考得其实。

北宋时乌程有一位人称"三影郎中"的著名词人张先（990—1078），在82岁即宋熙宁五年（1072）取其父张维平生所自爱诗十首，画成《十咏图》，取景为湖州名胜之一的南园。传至南宋，适值直斋致仕返乡，因修撰《吴兴人物志》，搜摭旧事，得见此图，"见之大喜，遂传其图，且详考颠末，为之跋云"。此"跋而未题"之事，直斋乡人周密所著《齐东野语》卷十五《张氏十咏图》，有详细记载。此《十咏图》，陈振孙在跋后六年（1256）又曾向周密之父明叔借摹，并将跋文书之于原图卷尾。今直斋摹本失传而原本幸由故宫博物馆于1995年在北京翰海秋季拍卖会拍回收藏，为设色绢本，图卷后有直斋长跋一篇。直斋对此绢画进行了多项考证，推崇张维、张先父子"皆耄期，流风雅韵""可谓吾乡衣冠之盛事"，称赞张维之诗"清丽闲雅"，如"滩头斜日凫鸥队，枕上西风鼓角声"，又如"花有秋香春不知"，皆佳句也。此《十咏图》价值如同珙璧。直斋于1256年所跋较周密记载还多文末署年数十字：

> 庚戌七月五日，直斋老叟书，时年七十有二。
> 后六年，从明叔借摹，并录余所跋于卷尾而归之。
> 丙辰中秋后三日也。

跋文署年左下方钤有"陈氏山房之印"六字，为篆书朱文方印。此为陈氏手书无疑，是迄今所见考证陈振孙生卒年最重要的材料。此处"庚戌",为理宗淳祐十年（1250）,此时直斋72岁。据此上推,则其生于孝宗淳熙六年（1179）无疑。

宋代官学系统中都曾置有小学或社学,对儿童进行启蒙教育。但官立小学,兴废无常,实际上承担教育儿童的教育组织,则是私人设立的学塾。直斋自幼进入私塾后,很快便熟记千余字,接着是熟读并背诵《三字经》《百家姓》《千字文》和"四书"。直斋习字也是非常认真,教师把着手写一遍,直斋便会了,临帖书写也较其他幼童早,为日后写得一手好字奠定了扎实的基础。

直斋从幼年开始即有嗜书倾向,但由于家道衰落,几无藏书。《书录》中他这样说道:"愚未冠时,无书可观,虽二史亦从人借。"20岁以前家中无书可观,即使是《史记》《汉书》也要向人借阅。其家庭生活为何至此,是何缘故不得其详,但并没有断隔其家族世代相传的书香之脉。其所撰《玉台新咏》后叙云:

> 右《玉台新咏集》十卷,幼时至外家李氏,于废书中得之,旧京本也。宋失一页,间复多错谬,版亦时有刊者,欲求他本是正,多不获。嘉

定乙亥在会稽，始从人借得豫章刻本，财五卷，盖至刻者中徒，故弗毕也。又闻有得石氏所藏录本者，复求观之，以补亡校脱，于是其书复全，可缮写。夫诗者，情之发也。征戍之劳苦、室家之怨思，动于中而形于言，先王不能禁也。岂惟不能禁，且逆探其情而著之，《东山》《杕杜》之诗是矣。若其他变风化雅，谓"岂无膏沐，谁适为容""终朝采绿，不盈一掬"之类，以此集揆之，语意未大异也。顾其发乎情则同，而止乎礼义者盖以矣。然其间仅合者亦一二焉。其措辞托兴高古，要非后世乐府所能及。自唐《花间集》已不足道，而况近代挟邪之说，号为以笔墨动淫者乎？又自汉魏以来作者皆在焉，多萧统《文选》所不载，览者可以睹历世文章盛衰之变云。是岁十月旦日书其后。永嘉陈（伯）玉父。

《玉台新咏》是一部诗歌选集，全书收录汉魏六朝 100 余位作者共 670 余篇作品，分为 10 卷，"吴均和萧洗马子显古意六首"等 26 首均列其中。直斋幼时到其外祖母家做客，从其家废书中觅得一种五代或北宋时的旧京本，因其多有错谬，并有脱页，故而时时想寻求别本进行校正。久寻终于得愿，可借此窥见直斋当年读书、访书的一股韧劲。据析，《玉台新咏》至少在南宋初年即已残佚。直斋多方寻找，时间跨度达二三十年，"其书复全"，并抄录，可称"直斋校核本"或"嘉靖重雕本"。笔者阅日本森立之（1807—1885）等撰《经籍访古志》卷六"集部"载：

> 《玉台新咏集》十卷。明嘉靖中翻雕宋本，求古楼藏。首有徐陵序。每半板十五行，行三十字，界长六寸七分，幅四寸五分。末有嘉定乙亥陈（伯）玉久（实为父字）跋，知依嘉定本重雕者。

因直斋的收集、校核，致使后人有了这个"陈本"。（乙酉金秋，笔者购得寒山赵均小宛堂覆刊《玉台新咏》影印件，后有直斋37岁时任绍兴府学教授作的后叙。）

直斋的幼年教育及成长还得益于其父。陈秀才平时也得忙些农务，农闲时则治《易》，兼顾教育直斋读书、识字和作文，这对直斋日后进入官学以及科举考试打下了良好基础。直斋何时考中进士，资料甚少。明隆庆五年（1517）《平阳县志》"诸科补遗"收录"陈过"和"陈振孙"。清乾

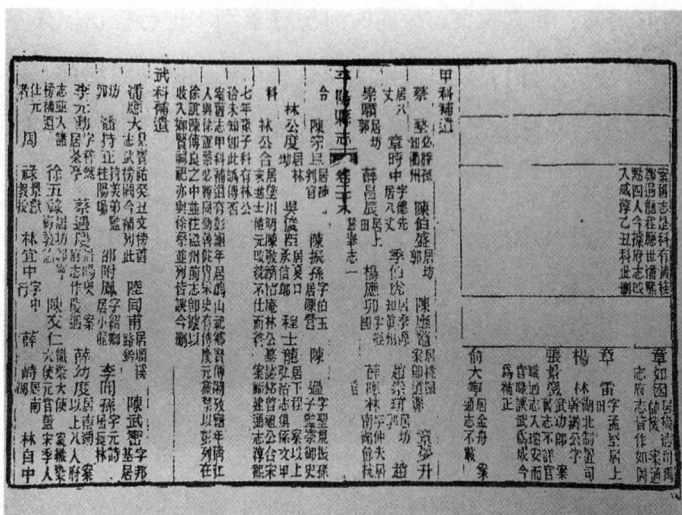

▲ 陈振孙父子中进士记录（《平阳县志》）

隆《平阳县志》"诸科补遗"中记载："陈过，字圣规，振孙子，监察御史……陈振孙，字伯玉，居陈营。"民国十四年（1925）《平阳县志》"甲科补遗"载有直斋父子科举记录："陈振孙，字伯玉，居陈营。陈过，字圣规，振孙子，监察御史。"查1994年《安吉县志》中有"陈振孙"人物传记，但两宋进士名录中却不见陈振孙之名。其中举之时间，亦不得而知，甚为遗憾。

南宋时期的大环境、陈秀才的执着教育、直斋的刻苦努力，为其成为藏书大家、目录学家，打下坚实基础。

陈振孙的里贯

　　直斋，正史无传，宋、元两代其他各类文献亦无其传记文字。其籍贯，皆散见于宋元人笔记、诗话、文集，明清地方志，以及《直斋书录解题》之中。南京大学武秀成教授说："（查考其里贯）颇为不易，幸赖先贤近哲广加搜罗，细致梳理，审慎考辨，今人始得于直斋之里籍"（《晁公武陈振孙评传》第252页）。诸位先贤历经艰辛考证直斋籍贯，才使得1994年版《安吉县志》"人物传记"里有"陈振孙……南宋安吉梅溪邸阁山人"这样的表述，这个过程实属不易。

一、先贤考辨直斋里贯

宋元文献，除直斋自署外，一般不载其籍贯。唯元袁桷《清容居士集》卷四十六《跋定武楔帖》称"雪溪陈侍郎振孙伯玉"。陈乐素（1902—1990）引周密（1232—1298）《癸辛杂识》前集记吴兴园圃云"丽城中二溪水横贯"为据，说明雪溪即指吴兴郡城，为直斋所居之所。明末董斯张（1587—1628）《吴兴备志》卷二十二载："《韦居听舆》一卷，宋陈（□），直斋之子，雪川人。衢按：直斋有子名造，见《齐东野语》。不知即此人否。"由于吴兴在文化地理方面有一定的特殊性，这个"雪川人"的结论也就带有一些疑问，即"雪川""雪溪"除了特指吴兴郡城，还可代指吴兴。宋潘自牧《记纂渊海》卷九《郡县部·安吉州》"郡号"下载："苕水、吴兴、苕州、雪川、苕雪。"此处明言"苕水、雪川"等可代指"吴兴"或"安吉州"。因此，称"雪川人"，一般指籍隶郡城（或乌程或归安），但也可泛指"吴兴人""湖州人"，即指吴兴或湖州所属其他县人。

直斋为安吉县人之说，并非始于清人。明《弘治湖州府志》称："（陈振孙）字伯玉，安吉人。所居号直斋。博通古今，为浙西提举，停废醋库，邦人德之。"此"安吉人"即指"安吉县人"。其后，明王鏊（1450—1524）《姑苏志》卷四十二、董斯张《吴兴备志》卷十二皆称陈振孙为"安吉人"。清人一般也沿袭此说，称"安吉人"，即安吉县人。但直斋自30岁始步入仕途后，其居之所逐渐由"邸阁山"迁至县治安城（宋代梅溪已是商业兴盛、人烟稠密的市镇，故迁居于梅溪集镇亦有可能）、州郡湖州，称其为吴兴人、湖州人、雪川人、雪溪人皆可。若列明郡县而称，则仍当称湖州安吉人，或单称安吉人。

二、程文简晚迁邸阁山

清沈叔埏著《颐彩堂文集》卷八"书直斋书录解题后"载有：

> "直斋解题"与《郡斋读书志》并为鄱阳马氏《经籍考》所采取，全本散佚，今从大典内纂出二十二卷。尝考《齐东野语》《吴兴备志》及王张栗程旧志，陈振孙，字伯玉，安吉人，性勤敏，博通古今，藏书最多。宋理宗嘉熙四年为溧水教授，累迁浙西提举，改知嘉兴府，一意卹民，举行药万户，停废醋库，邦人德之，管摄与化纂，折狱

浙西提舉改知嘉興府一意邮民舉行荒萬戶停廢醋庫

邦人德之管攝與化篆折獄平允肤皆服其得法外意焉

淳祐九年以侍郎致仕家居修吳與人物志討摭得事頗

詳其仕於靖也傳錄次淥鄭氏方氏林氏吳氏舊書至五

萬一千一百八十餘卷仿晁氏志各爲解題讐勘精詳諸

書所述如此其守禾治行邦志逸之乾隆乙未余客京師

萬裘文達公

賜第銅采王裕軒檢討贈余是書藍漿珍板也錄中附有

隨齋批注一時纂修諸公未詳其人余按卷三鄭樵石鼓

文考批注有先文簡字朱龍圖閣學士吏部侍書新安程

▲ 颐彩堂影印（一）

頤綵堂文集〔卷二〕　　　十南

泰之大謚文簡曾孫樂字管甫號隨齋元時人周謚公作

文簡墓志云公自筦遊去鄉里樂吳與淡山之勝而卜

焉晚得安吉梅梁鄉耶闊山規管塋域卒葬其地子四人

卓新本阜孫三人端復端簡端履文簡自歙遷湖子孫貴

安吉與直齋同時同里而批注所云樵以秦斤泰檜有函

殿兩字遂以石鼓爲泰物先文簡論而非之其說其戴頗

繁露則隨齋之爲檗礭然無疑炙又錄中論話意原不知

作者介考之乃青田宋作郎束谷鄉汝諧所撰吾鄉婺彥

發泰政論忠簡宋史本傳及樓政魏所撰神道碑並闕焉

亦見批注此則其後人亦莫之知也

▲ 颐彩堂影印（二）

平允，时皆服其得法外意焉。淳祐九年以侍郎致仕，家居修《吴兴人物志》，讨摭旧事颇详。其仕于莆也，传录夹漈郑氏、方氏、林氏、吴氏旧书至五万一千一百八十余卷，且仿晁氏志各为解题，雠勘精详。诸书所述如此，其守禾治行郡志遗之。乾隆乙未，余客京师，寓裘文达公赐第，铜梁王榕轩检讨赠余是书，盖聚珍版也。《录》(《直斋书录解题》，以下简称《书录》) 中附有随斋批注，一时纂修诸公未详其人。余按卷三郑樵《石鼓文考》批注有"先文简"字，宋龙图阁学士吏部尚书新安程泰之大昌，谥文简。曾孙榮，字仪甫，号随斋，元时人。周益公作《文简墓诰》云："公自宦游去乡里，乐吴兴溪山之胜而卜居焉。晚得安吉梅溪乡邸阁山，规营莹域，卒葬其地。子四人：准、新、本、阜。孙三人：端复、端节、端履。"文简自歙迁湖，子孙贯安吉，与直斋同时同里。而批注所云："樵以秦斤、秦权有'函''殹'两字，遂以石鼓为先秦物，先文简论而非之。其说具载《演繁露》。"则随斋之为榮，确然无疑矣。

程文简（1123—1195），本名程大昌，字泰之，徽州休宁（今属安徽）人。南宋政治家、思想家、文学家、哲学家。高宗绍兴二十一年（1151）进士。

明董斯张撰《吴兴备志》载："程大昌，字泰之，休宁人，自宦游去乡里，乐吴兴山水之胜而卜居焉。累迁权吏部尚书，谥文简。南宋周密《癸辛杂识》云，程文简尚书园在城东宅后，又云河口程氏园，文简别业藏书数万卷，作楼贮之。"

公元1127年，中国北方的金国女真人举兵南下，繁华一世的中原王朝不堪一击。徽、钦二帝被俘，在开封的北宋为金国所灭，宋钦宗的弟弟赵构逃往南方，迁都于临安，史称南宋，赵构被推举为皇帝，史称宋高宗。战争破坏了北宋人平静的日常生活，无数人流离失所，成千上万的中原官员及民众像潮水一样仓皇向南逃亡，史称"南渡"。如杭垓高氏祖先世则公，与宋高宗有过命之交，当时就带领叔伯兄弟共200余人渡江南下，由是，余杭、安吉（含孝丰）皆有高氏。如原西圩乡之王姓，系宋宰相王旦之后，随高宗南渡定居于此，为志播迁，遂名村谓"南渡"。如南北庄赤渔方姓，其始迁祖为宋吏部左丞方铥，扈从宋高宗南渡，隐居于铜岭。程氏亦然。

程氏家族和高宗一起"南渡",由于安吉离杭州不远,程大昌最后选择了梅溪乡作为家族居住地。这段记录,在同治版《安吉县志》也得到印证。绍熙元年,即1190年,68岁的程大昌"遂以祠归",回乡建祠。1195年准备请求退休,11月,即以疾不起。墓地之事,未成而卒。清人沈荣仁诗《题程坟寺》也是印证。

邸阁山风水俱佳,因程氏南迁而逐渐兴旺,程大昌后裔又出了许多著名人物。当然,程大昌后人并非全部居住在邸阁山。随着社会变更,程氏族人又迁进迁出,这是非常正常的。但后人仍可称为"邸阁山人"或"梅溪人",这是因为程大昌乃程氏南迁之始祖也。

三、邸阁山人陈振孙

在上述武秀成教授引用的资料中,我们得到一条重要信息:"(程文简的)曾孙荣,字仪甫,号随斋,元时人……文简自歙迁湖,子孙贯安吉,与直斋同时同里。"

程荣乃程大昌之后,"与直斋同时同里"。里,居也;五家为邻,五邻为里;在邑曰里。如此看来,程荣与陈振孙不仅同为梅溪乡人,并且彼此距离不远。由此可推断,陈振孙居住在邸阁山附近,离此山不远。故,梅溪人骄傲地称陈振孙为梅溪村人、梅溪乡人、梅溪镇人或邸阁山人均可。得此重要结论，依赖沈叔埏《颐彩堂文集》之考证。沈叔埏（1736—1803），字创舟，一字埴为，号双湖，浙江秀水人。乾隆三十年（1765）高宗南巡，召试列一等，赐举人。

关于三国邸阁，王国维先生曰："古代储峙军粮之所，谓之邸阁。"唐长孺（1911—1994）先生曰："所以称为邸阁，即因其为储藏物资之所，而建筑的形式为阁状。"据黎石生先生《试论三国时期的邸阁与关邸阁》研究表明，邸阁还具有贸易和征收赋税之功能，往往置于要邑、置于屯营。2000年版《安吉县土地志》载："东吴时（222—280）在今梅溪仓山建邸阁，作军粮储存与转运之所。"

嘉泰《吴兴志》卷十《管镇》载："（宋）据旧图经云有镇三，安吉镇在县北，梅溪镇在县东北。据九域志云有梅溪一镇，则安吉镇之废久矣。今有镇寨各一，梅溪在县东北三十里，幽岭巡检寨在县南六十里。"再来看宋代"镇"的概念："地方行政单位名。镇之名，或谓始于北周。唐朝分上镇、中镇、下镇三等。至宋朝，民聚居区域不够县格，而又有税收之处，则设镇。"这也进一步说明了梅溪地位之重要。

梅溪之邸阁山，又称仓山、廪山，处战略与贸易重地，三国东吴时在此建仓，以作积贮和转运军粮之用。相传孙策攻刘繇尽得邸阁粮谷，即在此山。陈振孙由此出征，博通古今典籍，终成我国图书目录史上极为重要的巨著《直斋书录解题》。

梅溪之一地，从程文简至陈振孙、程棨，其间百余年，三位藏书大家因缘沿袭，真乃梅溪之一奇，可想象宋末元初之时，安吉文风之盛。

令人可喜的是，梅溪镇梅溪村在村庄介绍时，也将直斋及《书录》简要介绍，并建文化礼堂，向更多的村民和游客介绍这位安吉骄傲。

附:《题程坟寺》

题程坟寺①

清·沈荣仁②

满目悲榛莽，程公有赐阡。至今山色冷，终古寺名传。
故迹凭樵牧，遗闻在简编。僧徒差解事，为我话因缘。
突兀楼台焕，庄严像设尊。残碑何处访？③宰木昔年存。
鹤返应衔恨，牛眠不记痕。好同吴项宅，千载溯根源。④

注:①程坟寺在邸阁山程文简公墓前，故名。

②沈荣仁，字勉之，号篔师，归安人，雍正癸卯进士，

官翰林院编修、四川学政。著《寿山亭诗略》。

③宋周益公撰神道碑，今不可考矣。

④城中常乐寺，为吴琐舍宅。

陈振孙初仕溧水

孝宗淳熙六年（1179），在南宋图书界有两件大事值得称道，一是最大的图书收藏家直斋出生。二是著名的教育家朱熹（1130—1200）修复位于庐山五老峰的白鹿洞书院，藏书万卷。

30年后，直斋步入一条图书文献保存和流布之创新道路。

宁宗嘉定元年（1208），直斋通过诗赋和经义考试，初仕出任建康府溧水（今属江苏南京市）教谕。是年，直斋30岁。

宋代前期，州郡多设儒学，至仁宗庆历四年（1044）始

"许更置县学"。而溧水县学之设，则较一般县学要早。南宋初郑刚中撰有《溧水县学记》一文，于其兴废沿革叙之甚详，云"溧水县学建于熙宁己酉邑宰关杞为政之年"。己酉为神宗熙宁二年（1069），至直斋出任教谕，已历时140年。

直斋作为溧水县学中的教官，领导若干职事，用儒经作基本教材，负责以经术训导、考校学生。对进入学校的生员，除了地方官员子弟及其亲属可以免试入学，直斋还淡化等级出身的限制，庶民子弟若愿意入学，只要入学考试合格，都可以入学受教育，这就大大推动了平民教育的进程。在教育之外，直斋十分注重制度建设，使之规模空前扩张，将这所公办学校办得有声有色。

三年任满，直斋离职，其时在嘉定四年（1211）。

是年十二月，直斋应溧水华胜寺住持僧宗应之请，撰写了一篇《华胜寺记》。碑文如下：

> 嘉定初，余为吏溧水，南出县门三里有寺曰华胜，间送迎宾客至其所。寺据南亭冈，右临官道为旁出，其南则□船、马鞍诸山环列如屏障，北眺县郭、市井、屋木，历历可数。丈室后，稚松成林，葱翠茂悦。由左而下，隙地千余亩，井

▲ 华胜寺记(《溧水县志》)

泉冽甘，仲竹半圃。其前稍空旷，诛茅为亭，与
向之诸山相宾揖。余乐其境幽胜，每至辄裴回不
能去。顾寺犹草创，殊弗称其境，仅有讲堂、寝
室及左庑数十楹而已。主僧宗应方聚材于庭为兴
造计，余因叩以建置本末，应言：寺本在邑西佛
子墩，久废。当绍兴十七年（1147），吴兴僧如日
驻锡此地，得古井焉，浚之以饮行旅。县民倪实
为卓庵其傍。至乾道五年（1169），始请于郡，得
寺之故名揭之。日年九十余死，其徒嗣之者志常，
常老以属宗应，由绍兴迄今六十余年矣。邑无富
商大贾，其民力农而啬施；无深林寿木，作室者常
取材他郡。寺无常产，丐食足日，敛其余铢铢积
之，绵岁月迺能集一事。故祖孙三世所就仅若此。
今将为门、为右庑，即庑为输藏所。未暇者，佛
庐钟阁，役最大，度未易强勉。以吾三世六十余
年所不能为之事，而欲以一身数年之力为之哉！
姑尽吾力以为前所欲为者，幸而有成，则与求文
刻石，为记其已成者、以期其未成者。方将有请
于君，而未敢也。会岁荐饥，弗果役。三年，余
去官归。其冬，应以书来日：役且毕矣，向所言者

今无不酬。石具而未有文，敢以请。书再至，请益勤，余不获辞。释氏行乎中土千余岁，余生长浙右，见其徒皆赤手兴大役，捐金输赆，闻者争劝，其规制奢广，飞檐杰栋、金碧晃耀，往往谈笑而成之。视应所为，若不足乎纪。顾民俗有富贫，缘法有深浅，以彼其易，以此其难，所遭者固殊焉。要之释氏之教，以空摄有，所谓华严楼阁，克遍十方，昆耶室中，容纳广坐，回观世间诸所有相皆是虚妄，尚复区区较计于规模之广狭，功力之难易哉！均之以有为法作佛事，而其艰勤积累，苦行劳力，视夫因顺乘便，持福祸之说以耸动世俗，而为偷食安座之资者犹愈也。故乐为之书。"嘉定四年十二月（1211）教授陈振孙撰。

这是现今可考的陈振孙最早的一篇文章，也是考察陈振孙初仕溧水教谕一职最详细可靠的资料，其文于《溧水县志》卷之八艺文中。

《书录》中与溧水相关的解题，笔者查阅到两篇：一是《续仙传》："《续仙传》三卷。唐溧水令沈汾（或作'玢'）撰。"二是《清真杂著》："《清真杂著》三卷。邦彦尝为溧水令，故邑有词集。其后有好事者，取其在邑所作文记诗歌，并刻之。"

直斋在溧水教谕三年任满后，为什么会辞官回乡，笔者在《陈振孙在家乡的岁月》一文中有所叙述，在此不再重复。

朱熹与直斋故乡梅溪也有一段佳话。有诗《梅溪陂下作》一首：野牛浮鼻过寒溪，落木梢槮水下陂。俗手定应摹不得，无人说与范牛知。描写梅溪深秋山涧中的画境，使诗人想起画牛高手范五珉，可惜的是，此番情景已无法再现于画家的笔下。据《朱氏宗谱》记载，双一村朱氏即为朱熹后代。

由于资料的局限性，直斋初仕溧水县学教谕的更多生活、工作情节，无法一一获取。本文仅根据《溧水县志》及《南宋教育史》等相关内容叙述如上，更多史料的研究开发待有心之士不断查考。

陈振孙任绍兴教官

嘉定四年（1211）直斋从溧水教谕离任后，回吴兴安吉家居一段时期，大概三年。据对相关资料的分析，笔者估计，1210—1211 年，直斋的父亲或母亲去世，这一时期直斋回乡守孝。

在我国古代，为官者在父母去世后，必须去官守孝，一般守孝期为三年，称为丁忧制度。在"孝为百行之本，丧有三年之制"的宋代，政府通常情况下是鼓励官员丁忧守丧的，由于与官员的升迁相连，多数官员都主动执行丁忧制度。其时，直斋刚刚担任三年的中下级官员，对于这种始于周朝的丁忧制度，肯定会无条件遵循这种礼制。故笔者作出上述推测。

绍兴是南宋重要的文化中心之一。据康熙《会稽县志》卷一"风俗"载："自宋以来，益知向学尊师择友。南渡以后，弦诵之声，比屋相闻。"这里除创办有朝廷所建的科举应试之所贡院外，还设有府学、县学和书院等，其中府学颇具规模。直斋正是在这里担任府学教授。

直斋起任绍兴教官，史料记载甚少，《绍兴府志》卷二十九《职官志五·学官》列府学宋代教授而无直斋。但以保存宋代史料为己任的周密在《齐东墅语》卷八《嘲觅荐举》条载有：

直斋陈先生云："向为绍兴教官日，有同官初至者，偶问其京削欠几何？答云：'欠一二纸。'数月，闻有举之者。会间，贺其成事，则又曰：'尚欠一、二纸。'又越月，复闻有举者，扣之，则所答如前。余颇怪之。他日，与王深甫言之，深甫笑曰：'是何足怪？子不见临安丐者之乞房钱乎？暮夜，号呼于衢路曰：吾今夕所欠十几文耳。有怜之者，如数与之曰：汝可以归卧矣。感谢而退。去之数十步，则其号呼如初焉。子不彼之怪，而此之怪，何哉！'因相与大笑而罢。"

《湖录》也称直斋任溧水教授"去官归"后又"起补绍兴"。"起补"一词恰说明直斋丁忧期满补官。

从陈氏《书录》中，我们可以找到一些印证。如卷五"诏令类"《东汉诏令》条云：

> 既仕于越，乃得见林氏书，而楼氏书近出，
> 其为好古博雅，斯以勤矣。

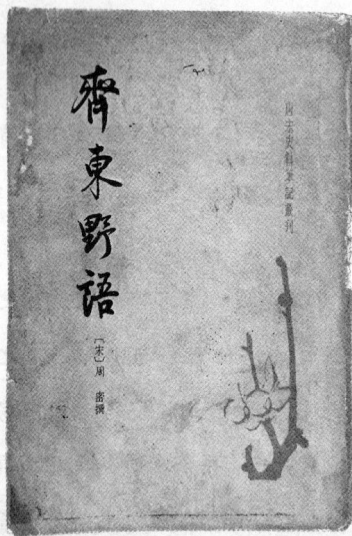

▲ 齐东野语

"既仕于越"之"越"，即指绍兴，因古越国都于绍兴之故。唐宋称越州，南宋升为绍兴府，治会稽。是直斋确曾任职于绍兴。南宋绍兴藏书家众多，著名的有诸葛行仁、陆宰、陆游、李光、李孟传等。诸葛行仁是南宋大藏书家，绍兴五年（1135）六月，会稽县布衣诸葛行仁"进所藏书八千五百四十六卷"。但直斋到绍兴当老师已是几十年之后的事了，由于社会动荡，这些藏书是否依旧？不得而知。但直斋在《东汉诏令》中只列出林氏、楼氏书，未列出诸葛氏、陆氏、李氏藏书，可见当时书籍的保存之艰难。这里也为我们透露出一个重要信息，在绍兴任教授的直斋，始得有机会接触并阅读到大量书籍，如林氏、楼氏之藏书。

另据考证，今传明赵均小宛堂刻本《玉台新咏集后序》实为直斋所撰。丁酉十月假期，笔者购《玉台新咏》（北京图书馆出版社，2004年版）影印件一册，查其后序，落款为"永嘉陈玉父"（应为"永嘉陈伯玉父"）。直斋在《后序》称"嘉定乙亥在会稽"，乙亥为嘉定八年（1215），从时间上看，正当在溧水任后。是年，陈振孙37岁。

直斋在绍兴府学教授上，一任三年。

陈振孙任鄞学教授

绍兴教官之后，陈振孙又继掌鄞县（治所在今宁波市）儒学，其职仍称教谕。教谕是学官名。儒学教谕是县学的教授，相当于教委主任，有时是县学校长。儒学，始于两汉，兴于隋唐，盛于元明清，是中国封建社会官学的基本形式。授课以孔孟学说为主，称为儒学，分府、厅、州、县四级，供生员读书，多系官办。

由于南宋建都临安，国家的政治、经济、文化重心南移，随之北方大量士大夫、儒士及豪室巨族南渡，一部分流入定居于明州鄞县，如宗室赵氏登第者众多，并形成了"世族蝉联，重圭累组，庠声序音，洋洋邹鲁"，县人子弟"凤以衣冠鼎盛"的局面。经济的迅速繁荣，文化世族的膨胀，地方教育的发展，地近京畿的便利，客观上促进了南宋鄞县科举的繁荣。这样就有了4名状元，大量的进士以及各类科考人才，而且鄞县进士入阁为宰相的达到6人，分别为：叔侄一门三宰相，史浩（绍兴十四年进士）、史弥远（淳熙十四年进士）、史嵩之（嘉定十三年进士）；魏杞（绍兴十二年进士）、楼钥（隆兴元年进士）、曾三次拜相的郑清之（嘉定十年进士）。鄞县进士不断涌现，长期执掌朝政，可谓形成了辉煌的"鄞人时代"。直斋有幸执掌科举大县的教谕，实为人生一大经历。

直斋与鄞学的关系，《书录解题》中曾多次提到。其卷五"典故类"《长乐财赋》条云：

《长乐财赋志》十六卷，知漳州长乐何万一之撰。往在鄞学，访同官薛师雍子然，几案间有书一编，大略述三山一郡财计，而累朝诏令申明沿革甚详。其书虽为一郡设，于天下实相通。问所从得，薛曰："外舅陈止斋修《图经》，欲以为《财赋》一门，后缘卷帙多，不果入。"因借录之。书无标目，以意命之曰《三山财计本末》。及来莆田，为郑室内子敬道之。郑曰："家有何一之《长乐财赋志》，岂此耶？"复借观之，良是。其间亦微有增损，末又有《安抚司》一卷。并钞录附益为全书。

"往在鄞学"，说明直斋曾在鄞学任职，联系此前之历职，其为鄞学教官当无疑问。至于直斋任职之时间，《书录》卷十四"音乐类"《琴谱》条透露了一点消息："《琴谱》八卷，鄞学魏邸旧书有之，己卯分教传录，亦益以他所得谱。""己卯"为嘉定十二年（1219），陈振孙此时访得鄞学中魏王旧邸之藏书而教人分别传录，说明此时仍在鄞学教官任上。何广棪教授定嘉定十一年（1218）为直斋莅职之年。是年，陈振孙正好40岁。

年届不惑，仍沉沦下潦，这不能不说是仕途的一种悲哀，但对于嗜书如命的直斋来讲，却又未尝不是一件好事。直斋在溧水、绍兴及鄞县三地，担任的都是专事经术传授的郡县教授，常年与书打交道，这为他访书、求书、购书、抄书都提供了很大便利。

直斋的藏书生涯开始于何时，虽无明文记载，但其所留文字还是显露了一些早期的收藏情况。直斋虽然出身于

玉臺新詠

一四八

後敍

右玉臺新詠集十卷幼時至外家李氏於嚴書中得之舊京本也宋失一葉間
復多錯謬版亦時有刓者欲求他本是正多不獲嘉定乙亥在會稽始從人借
得豫章刻本財五卷蓋至刻者中徙故弗畢也又聞有得戶氏所藏錄本者復
求之以補止校脫於是其書復全可繕寫夫詩者情之發也征戍之勞苦室
家之怨思動於中而形於言先王不能禁也豈惟不能禁且逆揣其情而著之
東山枚杜之詩是矣若其他變風化雅謂豈無膏沐適為容綜朝采綠不盈
一掬之類以此集揆之語意未大異也顧其發乎情則同而止乎禮義者蓋以
矣然其閒僅合者亦一二焉其措詞託興高古要非後世樂府所能及自唐花
間集已不足道而況近代挾邪之說號爲以筆墨動淫者乎又自漢魏以來作
者皆任焉多蕭統文選所不載覽者可以觀歷世文章盛衰之變云是歲十月
旦曰書其後永嘉陳玉父

南陵徐乃昌校勘經籍記

▲ 玉台新咏后序（徐乃昌刻）

书香家庭，但家道并不兴盛，早年生活曾比较拮据。《书录》中他这样说道："愚未冠时，无书可观，虽二史亦从人借。"20岁以前家中无书可观，即使是《史记》《汉书》也要向人借阅，其家庭生活之窘迫可见一斑。家道衰落至此是何缘故不得其详，但并没有断隔其世代相传的书香命脉，直斋从幼年开始即有嗜书倾向。其所作《玉台新咏》序云：

> 右《玉台新咏集》十卷，幼时至外家李氏，于废书中得之，旧京本也。宋失一页，间复多错谬，版亦时有刓者，欲求他本是正，多不获。嘉定乙亥在会稽，始从人借得豫章刻本，财五卷。盖至刻者中徙，故弗毕也。又闻有得石氏所藏录本者，复求观之，以补亡校脱。于是其书复全，可缮写。

《玉台新咏》是陈朝徐陵编撰的一部诗词集，直斋幼时到其母娘家做客，从其家废书中觅得一种五代或北宋时的旧京本，因其多有错谬，并有脱页，故而时时想寻求别本进行校正。虽久而未能如愿，但却可借此窥见直斋年少时读书、访书的一股韧劲。据此推测，最迟在绍兴任教官时（1215—

1217），直斋已经开始藏书、校书了。在鄞学任上（1218—1223），直斋就开始有计划地访求、抄录图书。

陈振孙宰南城与通判兴化军

　　直斋在离任鄞县教官之后，即升迁为南城（今属江西）县令。

　　县令，战国秦孝公十二年（公元前350）已置县令，秦、汉万户以上县设之，宋沿置。其职责为总治一县民政，凡户口、赋役、钱谷、赈济、给纳与平决狱讼诸事，统掌之。北宋属选人令。南宋升诸州上、中、下县令为从八品。直斋在46岁升任此职，执掌一县，说明其终于踏上了真正的仕途。但担任县令并非易事，况且每年还要接受朝廷的考核，对于这位喜书的官员来讲，书籍才是他生命中最重要的组成部分。

南城距离临安、鄞县、安吉路途都非常遥远，直斋一路车马兼行赴任。其为南城令时间不长，只有两年左右的时间，各种史料记载甚少，但《书录》却有一些记载。其卷三"经解类"《九经字样》条云：

> 《九经字样》一卷，唐沔王友翰林待诏唐玄度撰。补张参之所不载，开成中上之。二书却当在"小学类"，以其专为经设，故亦附见于此。往宰南城出谒，有持故纸鬻于道者，得此书，乃古京本，五代开运丙午所刻也，遂为家藏书籍之最古者。

这个五代后唐出帝开运三年丙午（946）的古京本《九经字样》，就是直斋出任南城县令时偶然在出行的路上获得的，居然成了"陈氏山房"所藏最古旧的一个本子。

在南城任上，直斋在公务之余，开始了大量的访书、抄书活动，可谓政务、书务两不误。在此期间，陈与南城吴炎晦父多有来往。吴炎也是一位嗜书之人，见直斋好藏书，便将自己所藏诸罕见之书各抄录一部赠送直斋。《书录》中多有标明。如《太一淘金歌》一卷，以上四种皆无名氏，得之盱江吴炎。"《二十八禽星图》一卷……多吴炎录以见遗。江西有风水之学，往往人能道之。"《宠氏家藏秘宝方》五卷，蕲水庞安时安常撰。安时以医名世，所著书传于世者，惟《伤寒论》而已。此书南城吴炎晦父录以见遗。"等等。

1994年版《湖州市文化艺术志》说："在兴化军通判任上，他（直斋）大量抄录了当地郑氏、林氏、吴氏的藏书。"正如志书所述，直斋藏书的黄金时期，是在福建莆田任上。根据《书录》相关记载，直斋始任兴化军（莆田）通判应在宝庆二年（1226）或三年（1227），时年48岁或49岁。

军，地方行政编制单位名。唐代宗大历七年（772）七月三十日，沧州置横海军。五代设军，寄治于县，而隶于州。至宋方为与州平级的地方行政单位。地势总目要、户口少而不成州者，则设军。如北宋开宝二年，升合州浓洄、渠州新明二镇为广安军，以其为聚寇之所，利防遏故；开宝六年，以夔州云安县上水离州城二百里，人户输纳不便，遂建为云安军。北宋宣和年间，全国置五十五军。军一级长吏称"军使"或"知军事"，如云安军使、知光化军。《宋会要·职官》记载："以京朝官差充。诸军各置通判一员，若军小，则不差置。"兴化军作为军级行政区，存在于980年至1277

年间，辖兴化、莆田、仙游三县，军治初在兴化县（今仙游县游洋镇），太平兴国八年（983），军治迁至莆田县（莆田市区）。此时，直斋的官职品位应该是正七品了。

福建是宋代三大刻书中心之一，版刻业的发达，莆田（兴化）也有开雕，所刻书籍远销于省内外。据载，莆田著名的刻书坊有"兴化郡斋"等几家，所刻内容，经、史、子、集无所不包。到了南宋已发展到繁荣阶段，可与泉州等地齐头并进，在福建雕版印刷业中占有一席之地。兴化藏书之盛，不仅体现在军学、县学建有藏经阁、尊经阁等，收藏大量书籍，而且书院、书堂、寺庙也建楼藏书，甚至还有许多私人藏书家，其藏书量累计多达数十万卷。其中，以"万卷楼""一经堂""富文书屋""衍极堂""藏六堂"等最为著名。这更激发了直斋藏书的志趣并为之提供了收藏传录的便利。其公务之余的主要活动，就是访书、抄书，因之，直斋与当时莆田的藏书家皆往来密切。周密在《齐东野语》中曾总结其藏书转富的原因：近年惟直斋陈氏书最多，盖尝仕于莆，传录夹漈郑氏、方氏、林氏、吴氏旧书，至五万一千一百八十余卷。莆田传录收购的图书大量增加，势必要对藏书加以整理编目，因此，《直斋书录解题》的撰写也就在这一时期开始了。

直斋任兴化军通判时间不长，仅1—2年时间，其所从事的工作"为军副贰"。周密之《齐东野语》卷八《义绝合离》条载有直斋在莆田依法施政的事迹：

> 莆田有杨氏，讼其子与妇不孝。官为逮问，则妇之翁为人殴死，杨亦预焉。坐狱未竟，而值覃霈，得不坐。然妇仍在杨氏家。有司以大辟既已该宥，不复问其余。小民无知，亦安之不以为怪也。
>
> 其后，父又讼其子与妇。军判官姚珤以为"虽有仇隙，既仍为妇，则当尽妇礼"，欲并科罪。陈伯玉振孙时以倅摄郡，独谓："父子天合，夫妇人合；人合者，恩义有亏则已矣。在法，休离皆许还合，而独于义绝不许者，盖谓此类。况两下相杀，又义绝之尤大者乎！初间，杨罪既脱，合勒其妇休离，有司既失之矣。若杨妇尽礼于舅姑，则为反亲事仇，稍有不至，则舅姑反得以不孝罪之。当离不离，则是违法。在律，违律为婚，既不成婚，既有相犯，并同凡人。今其夫妇合比附此条，不合收坐。"时皆服其得法之意焉。

　　此为直斋一生为官留下的唯一记录。其中可见其精晓法令，明于变通，并颇具持法公正的精神，为人所称道。

陈振孙任军器监簿与诸王宫大小学教授

　　绍定元年（1228），直斋离开莆田后即回京城临安出任军器监簿。其出任时间，也就是莆田离任的时间。《兴化府莆田县志》卷七有"陈振孙，宝庆三年充"之记载。关于军器监，宋初，三司胄案主管制造兵器，无专官。熙宁六年（1073）废胄案，置军器监，以侍从官判监事。元丰改制。置监、少监、丞、主簿等专官。所属东西作坊，与各州都作院掌造兵器、旗帜、戎帐、什物，依规定制作程式，按兵校工匠制作精粗利钝以为赏罚；作坊物料库掌收铁锡、羽箭、油漆等物；皮角库掌收皮革、筋角，以供作坊之用。南宋初年置御前军器所。建炎三年（1129），并军器监于工部，并都作院于军器所。绍兴三年（1133）后，又陆续置官。南宋后期，制造兵器等事主要归工部军器所，军器监事务稀简，成为储才之所。直斋任职的军器监簿，又称军器监主簿、军器主簿，职掌为"掌勾考簿书"，品位为从八品。对于军器监簿，一般感觉似乎是一个闲散的官署，但宋代由通判而军器监簿似乎是一种升迁之例，这实际上是一个储备人才以待升迁的处所。六年后，直斋就升为诸王宫大小学教授。陈改任诸王宫大小学教授一职，是在端平元年（1234），时陈振孙56岁。

直斋任军器监簿，前后达六年。其工作地为临安府保民坊，离皇宫不远。在这个"储才之所"，由于此一时期"事最稀简"，有了安定的生活与充裕的时间，陈振孙的藏书、读书、著书活动又开始了一个新阶段。在莆田期间访得的传录而未及撰写提要的图书，在此时都一一为之补撰解题。《书录》之外，今所存直斋最主要的著作《白文公年谱》也完成于此时。《书录》卷十六"别集类上"《白氏长庆集》条有著录：

> 《年谱》，维扬李璜德劭所作，楼大防参政得之，以遗吴郡守李伯珍谏议刻之。余尝病其疏略

牴牾，且号为年谱而不系年，乃别为《新谱》，刊
附集首。

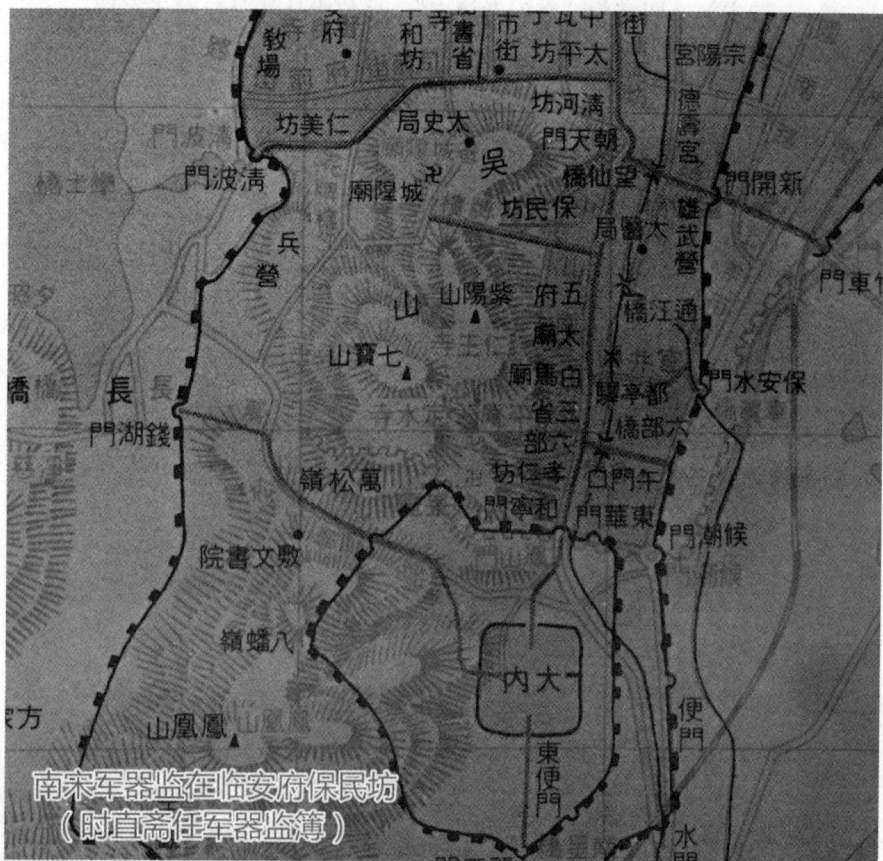

南宋军器监在临安府保民坊
（时直斋任军器监簿）

▲ 保民坊

此《新谱》因宋人已刊之于《白氏长庆集》卷首，故得传。《年谱》撰成于绍定三年（1230）四月十二日。当是直斋任军器监簿第二年，此一时期"事最稀简"，故直斋得以优哉游哉。"家居无事"之时，正好潜心著述，适逢新藏李璜所撰《白公年谱》，因见其既不系年，又相互矛盾，且多有疏漏，简略不明，故搜罗剔抉，详为考订，别撰新谱。数百年后之清初汪立名重编《白文公年谱》，对陈氏《年谱》之精审也赞佩有加。

由于长久任职京城的便利，以及与书为友的媒介，直斋与当时临安的书商也有了更多的交往。临安著名的书坊——"睦亲坊陈宅书籍铺"第二代主人陈思，为当时著名的书商，其交游甚广，请为作序的当不乏其人，但陈思却请直斋给一部新编的石刻文献——《宝刻丛编》撰写序言，可见直斋在当时已有一定的声望了。

1228年的春天，安吉大疫，县民病死者多，"比屋皆枕藉，户减十五六"。这一时期，直斋虽在保民坊处理公务，但仍心系家乡，牵挂在安吉的亲朋好友，当他得知家乡很多老百姓得了传染病，以致房屋无人打理，纵横交错地倒成一片，内心十分难过。直斋不仅专程回到故里察看灾情，而且无私拿出自己的俸禄资助邸阁里的百姓，以期他们渡过难关。

端平元年（1234），56 岁的直斋转任诸王宫大小学教授。

诸王宫大学、小学，宗学名。元祐六年（1091）逐宫院分置大学、小学。凡年 10 岁至 19 岁宗子入小学，凡年 20 岁以上入大学。诸王宫大、小学教授，南宋多用此称呼。崇宁三年（1104）前，大学教授、小学教授各领其职，其后，大学教授可兼小学教授。到了南渡时，常以一人兼两职，系衔"诸王宫大小学教授"，到直斋任此职，早已如此称呼。以直斋渊博的学识，教授这些皇族子弟，正如恰当。

直斋任诸王宫大小学教授共两年多时间。

陈振孙知台州与出任浙东提举

端平三年（1236），58岁的直斋由诸王宫大小学教授委派为地方官，为台州知州。

宋张淏《会稽续志》卷二《提举题名》载："陈振孙端平三年（1236）二月初六日，以朝散大夫知台州兼权；八月正除，十月二十八日到任。嘉熙元年（1237）五月改知嘉兴府。"

《湖录》称"以朝散大夫知台州，兼权浙东提举常平茶盐事"。

以上两段其实道明了直斋这一时期三项职务的变更，即知台州、兼权浙东提举、知嘉兴府。两书记载可以相互补充。

《书录》卷八"地理类"《天台山记》载：

> 《天台山记》一卷。唐道士徐灵府撰。元和
> 中人也。余假守临海，就使本道。嘉熙丙申十月，
> 解郡符趋会稽治所，道过之，锐欲往游，会大雪
> 不果，改辕由驿道。至今以为恨。偶见此《记》，
> 录之以寄卧游之意。

临海为台州治所，此处"余假守临海"，即指直斋出任
台州知州，具体任职时间为端平三年（1236）二月至八月。
其在台州前后不足一年。

会稽为浙东提举治所，上文"嘉熙丙申十月，解郡符趋
会稽治所"，即《会稽续志》中记载的正式任命为浙东提举，
时间为端平三年（1236）八月，十月到会稽上任，卸任时间
为嘉熙元年（1237）五月。其在浙东提举任上前后也仅八个
月时间。值得一提的是，在直斋被任命为浙东提举的 55 年
前，即淳熙八年（1181），朱熹被荐举为浙东提举茶盐公事，
专事赈灾。其七月任命，十二月到任，至次年九月即罢官奉
祠，真正在任时间也就十个月。朱熹任间，连续遭受自然灾

▲ 南宋浙东路、浙西路区域图

害，其采取了切实的赈灾举措，但由于受到朝廷和地方的多重阻力，收效不大，最后遭到罢官的下场。然而朱熹赈灾成功和其道学人格使朱学在浙东产生了很大影响。

《天台山记》还带给我们一个信息，即直斋当年怀揣浙东提举"印信"、乘着马车，准备赴绍兴上任。途中非常想去天台山游玩一番，但此时，巧遇大雪封山阻路，无法前行，只好作罢，改由大道前往绍兴。未能到天台山一游，感到非常可惜。也说明直斋任台州知州的时候，没有去过天台山。其公务之繁忙，可见一斑。

嘉熙元年（1237）五月改知嘉兴府。

陈振孙在台州虽然短暂，但仍然可见其访寻图书之迹。如《书录》卷十八"别集类下"《誇痴符》条云：

> 《誇痴符》二十卷。御史临海李庚子长撰。"誇"之义，炫鬻也。市人鬻物于市，夸号之，曰"誇"。此三字本出《颜氏家训》，以讥无才思而流布丑拙者，以名其集，示谦也。庚，乙丑进士，以汤鹏举荐辟入台，家藏书甚富。

从"家藏书甚富"之语可看出，直斋必登门拜访。

卷十九"诗集类上"《崔国辅集》条云：

> 《崔国辅集》一卷。唐集贤直学士礼部员外
> 郎崔国辅撰。开元十三年进士，应县令举，为许
> 昌令。天宝中加学士，后以王铁近亲坐贬。诗凡
> 二十八首。临海李氏本。后又得石林叶氏本，多
> 六首。
>
> 《诊痴符》《崔国辅集》二书传录自李家。

与临海相关的《书录》记载还有：《天台集》十卷、《外
集》四卷、《长短句》三卷：

> 附临海陈克子高撰。李庚子长跋其后云，删
> 定，乡人也，少时侍运判公贻序，宦学四方，曾
> 慥《诗选》叙为金陵人，盖失其实。今考集中首
> 末多在建康，且尝就试焉，当是侨寓也。《诗选》
> 又言不事科举，以吕安老荐入幕府得官。按集有
> 《闻榜》二绝，则尝应举矣。又有甲午岁所作诗云
> 三十四，则其生当在元丰辛酉，得官入幕盖已老
> 矣。诗多情致，词尤工。

《中兴馆阁书目》三十卷：

> 秘书监临海陈骙叔进等撰。淳熙五年上之。中兴以来庶事草创，网罗遗逸，中秘所藏，视前世独无歉焉，殆且过之。大凡著录四万四千四百八十六卷。盖亦盛矣。其间考究疏谬，亦不免焉。

乃知陈克、陈骙二人为临海人氏也。从中还可发现更多的信息记录。

直斋在台州任上撰写的作品有《陈忠肃公祠堂记》一篇，因收进宋林表民所编的《赤城集》卷八而得以流传。

陈振孙由嘉兴知府升浙西提举

《湖录》云："嘉熙元年（1237），（直斋）改知嘉兴府。升浙西提举，举行药万户，停废醋库，邦人德之。"直斋于嘉熙元年（1237）五月由浙东提举改知嘉兴府。

《书录》中关于嘉兴的书录有：

《陆宣公集》二十二卷。唐宰相嘉兴陆贽敬舆撰。权德舆为序，称《制诰集》十三卷、《奏草》七卷、《中书奏议》七卷。今所存者，《翰苑集》十卷、《榜子集》十二卷。序又称别集文、赋、表、状十五卷，今不传。

《重校添注柳文》四十五卷、《外集》二卷。
姑苏郑定刊于嘉兴。以诸家所注辑为一编，曰
《集注》，曰《补注》，曰章，曰孙，曰韩，曰张，
曰董氏，而皆不著其名。其曰"重校"，曰"添
注"，则其所附益也。

直斋何时升任浙西提举，则不见记载。《姑苏志》卷
二十四《学校（书院附）》条及钱毂《吴都文粹续集》卷
十二录有袁裒《尹和靖迁书院记跋》一文，称"嘉熙四年，
提举陈振孙作藏书堂"，记载直斋在浙西任上，为郡中纪念
宋人尹肃公和靖书院建了一座藏书堂，那么最迟在嘉熙四年
（1240）直斋已迁浙西提举。

《姑苏志》卷三《古今守令表》"知府"栏载：

史宅之，嘉熙二年（1238）闰四月二十四
日以朝议大夫、徽猷阁待制知平江府，兼浙西提
举。……三年（1239）正月一日，召赴行在。

赵之蒍，嘉熙三年（1239）四月十三日以中奉大
夫、直敷文阁知平江府，兼浙西两淮发运副使。淳祐
元年（1241）二月，除中书门下省检正诸房公事。

院布庫鑄場務煎膠務掔鞠院雲韶班院印經院燒朱

作司獨傳伎巧之物若教遠務裁造院茶湯磨院鍼線

後兼偹攻城之事乃二十一作天聖元年置官屬今八

赤白作桐油作石作甎作瓦作竹作井作以上名八作

東京記舊八作司太平興國二年分東西二司乃泥作

今德之

古人仰體祖宗郵民之意舉行萬戸停廢醋庫邦人至

天聖四年州軍並不得官置醋坊近罷提舉振孫博遍

以准眢各其及郎著王元澤以此八字該括法律

密斋筆記

▲ 密斋笔谈关于陈振孙提举的记录

平江府即吴郡，或称苏州、秀州，北宋末改称平江，浙西提举司之治所即置于此（有别于浙西路路治临安）。为提举者，与所在州府之长官，或一人兼任，或二人分当。嘉熙二年至三年正月，知平江府与浙西提举即由史宅之一人充任，赵之懿于嘉熙三年四月知平江府，显然是接替史宅之而来的，但并未接替其浙西提举一职，据此推测，嘉熙四年已为浙西提举的直斋，应当就是接替史宅之所兼浙西提举一职的，其时间与赵之懿的上任也应大致接近，即嘉熙三年四月左右。是年直斋已 61 岁。

在浙西提举任上，直斋做了一件时人及后人都屡屡称道的事情，这就是"停废醋库"事。宋谢采伯《密斋笔记》卷一载：

> 天圣四年，州、军并不得官置醋坊。近陈提举振孙博通古今，仰体祖宗恤民之意，举行万户，停废醋库，邦人至今德之。

在古代，盐、铁、酒、茶等常为官府专营，利润丰厚，后逐渐开放，民间得以获利。宋代官府多于州郡设醋坊，仁宗天圣四年（1026）下令罢之，但其后又或兴或废。直斋体恤民众，鞭其弊政，废除醋库，允许民间经营，故当地百姓一直感念他。

直斋在苏州，也传录到许多珍贵的文献。如《书录》卷八"目录类"《太宗御制御书目》《真宗御制碑颂石本目录》《龙图阁瑞物宝目》《六阁书籍图画目》条：

> 《太宗御制御书目》一卷。玉宸殿所藏，兼有真宗御制序十四篇。又本稍多，而无序文。
>
> 《真宗御制碑颂石本目录》一卷。凡九十名件。乾兴所刊版。
>
> 《龙图阁瑞物宝目》《六阁书籍图画目》共一卷。
>
> 已上平江虎邱寺御书阁有原颁降印本，传写得之。

如卷十"杂家类"《造化权舆》条：

> 《造化权舆》六卷。唐丰王府法曹赵自勔撰。天宝七年表上。陆农师著《埤雅》颇采用之，其孙务观尝两为之跋。余求之久不获，己亥岁从吴

门天庆《道藏》中借录。

又如卷十二"神仙类"《云笈七签》条：

> 《云笈七签》一百二十四卷。集贤校理张君房
> 撰。凡经法、符箓、修养、服食以及传记，无不毕
> 录。祥符中，君房贬官，会推崇圣祖，朝廷以秘
> 阁道书付杭州，俾戚纶等校正。王钦若荐君房专
> 其事，铨次为此书。顷于莆中传录，才二册，盖
> 略本也。后于平江《天庆道藏》得其全，录之。

上述解题中"己亥"即嘉熙三年（1239）。平江即浙
西提举司治。均可旁证直斋升任浙西提举确实在嘉熙三年
（1239）。

陈振孙从任职郎省到国子司业

淳祐元年（1241）二月，63 岁的直斋离开平江，又回到京城临安，在尚书省中担任某司郎官。此与《姑苏志》卷三《古今守令表》"知府"栏载"史宅之，淳祐元年三月初九日以焕章阁直学士、大中大夫再知平江府，节制许浦水运兼浙西两淮发运副使，提领措置和籴"也相互吻合。

因缺乏直斋任职郎官的资料，故无法得知这一时期的相关情况。

三年期满后，淳祐四年（1244）66 岁的直斋升迁官国子司业。宋徐元杰《楳埜集》卷七有一篇《陈振孙授国子司业制》载：

尔振孙研精经术，有古典刑，扬历滋深，靖
退自若。予环郎省，位未称德，朕心慨焉。陟乐
正以贰司成，佥论兹允。尚祗阙职，周俾阳城韩
愈专美有唐，维时钦哉，以称朕意。可。

"予环"一词即"与还"，原谓召还有罪之人，后引申为
召还朝廷。"予环郎省"，即指从地方召还回京，任职郎省。

制文赞直斋"研精经术，有古典刑，扬历滋深，靖退
自若"。既精通经学，有古人风范，资历又深，且淡于进退，
却只担任一个郎官之职，理宗不禁生出"位未称德"，于是
擢拔为国子司业。"司业"之名，取乎《礼记·文王世子》，
所谓"乐正司业"，其时未为官称。国子监司业，始置于隋
大业三年。宋沿置。南宋初罢。绍兴十二年十二月复置，祭
酒、司业各一员，国子正、录各一员，博士三员。司业职掌
为佐祭酒总领诸学之政令与教法，又称乐正。国子监是国家
的最高学府，直斋出任国子监副长官，即司业，表明了这位
安吉人"研精经术"与"博通古今"的学术地位得到了朝廷
与社会的认可。事实也确是如此，直斋除了《书录》之外，
还有《书解》《易解》《系辞录》《史钞》《书说》及《白文公
年谱》等众多著作，也是一个旁证。

▲ 国子监（直斋任国子司业）

南宋迁都临安后，形成了新的刻书中心。刻书基本分为官刻、私刻和坊刻三大类型。官刻是指各级政府主持下的刻书活动，中央刻书多以国子监为名，即直斋任职之所，地方机构刻书则有不同名称。官刻多选上乘原本，不计成本，雕版质量很高，因而刻本品质优良。私刻是指私人出资校刻的书籍。私人财力虽不及政府，但刻书人不以盈利为目的，多以名望为重，很多刻书人本身就学识渊博，故而校刻精良，刻本品质通常也较高。临安城内众安桥修文坊、太庙前私人书肆林立。由于刻印工匠技术纯熟，纸墨工料多选上等，许多虽系"书棚本"，但仍不失刻印精美的艺术品，出现了陈氏、尹家、郭家、荣家等著名的刻书铺。坊刻指书坊刻书，这是随商业发展而出现的一种生产和销售图书的行为。书坊地域分布广，因以盈利为目的，刻书的数量较大，种类也较丰富，且能随时根据市场需求而变化。由于时人对书籍品质要求较高，加之行业竞争的需要，因而坊刻本虽总体品质不如官刻、私刻，但也有很多品质优良的刻本。

直斋身处此等书香墨海，而"刻印书籍"又属国子监职掌范围，故这一时期，为其访书、录书提供了极大的便利，个人的兴趣爱好和工作职责得到充分融合。

直斋任国子监副长官时还发生了一件事，在周密《癸辛杂识别集》卷下《嵩之起复》有记载，如下：

> 嵩之之起复也，匠监徐元杰攻之甚力，遂除起居舍人、国子祭酒，仍摄行西掖。未几暴亡，或以为嵩之毒之而死，俾其妻申省。以为口鼻拆裂，血流而腹胀，色变青黑，两臂皆起黑泡，面如斗大，其形似鬼，欲乞朝廷主盟，与之伸冤。侍御郑采率台谏共为一疏，少司成陈振孙、察官江万里竝有疏。遂将医官、人从、厨子置狱，令郑采督之，竟不得其情，止以十数辈断遣而已。徐霖上书力诋采不能明此狱之冤，不报，竟去。采奏疏乞留霖，亦不报。先是侍御史刘汉弼尽扫嵩之之党，至比亦以暴疾亡，或者亦谓嵩之有力，然皆无实迹也。朝廷遂各赐田五顷，楮币五千贯，以旌其直。黄涛之试馆职也，对策历数史嵩之之恶，至是除宗正少卿，于对疏乃言元杰止是中暑之证，非中毒也。于是金议攻之。而元杰之子直谅投匦扣阍，力辩此说，涛遂被劾去。

从中我们可以看到，直斋不畏权贵，敢于向帝王陈述意见，最后虽为"中暑"而非"中毒"，但他的这种遇事求真相的精神值得我们学习。

陈振孙官至某部侍郎致仕

直斋官至侍郎，这在周密《齐东野语》中有多次提到。如卷九《陈周士》条称"陈周士造，直斋侍郎振孙之长子"。卷十七《朱唐交奏本末》条称"陈伯玉贰卿"。"贰卿"即"侍郎"之别称。周密与直斋相识，既以"贰卿""侍郎"称其家居之时或称其身份，那么直斋官至侍郎并以此致仕，也就没有什么疑问了。

直斋任职在尚书省六部的哪一部，则没有任何文献记载，故郑元庆《湖录》、陆心源《宋史翼》皆仅以"以某□部侍郎"致仕称。

至于陈振孙何时致仕，只有《齐东野语》透露了一点消息，其卷十五《张氏十咏图》条云：

先世旧藏吴兴张氏《十咏图》一卷，乃张子野图其父维平生诗，有十首也。其一，《太守马大卿会六老于南园》云……此事不详于郡志，而张维之名亦不显，故人少知者。会直斋陈振孙贰卿方修《吴兴志》，讨摭旧事，见之大喜。遂传其图，且详考颠末，为之跋云："庆历六年，吴兴太守马寻宴六老于南园。酒酣赋诗，安定胡先生瑗教授湖学，为之序。六人者：工部侍郎郎简，年七十九；司封员外郎范说，年八十六；卫尉寺丞张维，年九十一，俱致仕。刘余庆，年九十二；周守中，年九十五；吴琰，年七十二，三人皆有子弟列爵于朝。刘殿中丞，述之仲父；周大理丞，颂之父；吴大理丞，知几之父也。诗及序刻石园中，园废，石亦不存，事载《续图经》及胡安定《言行录》。余尝考之，郎简，杭人也，或尝寓于湖；范说，咸平三年进士，同学究出身；周颂，天圣八年进士；刘、吴盛族，述与知几皆有名迹可见；独张维无所考。近周明叔使君得古画一轴，号《十咏

图》，乃维所作诗也，首篇即南园燕集所赋，孙觉
莘老序之，其略云：赠刑部侍郎张公维，生平喜吟
咏，行年九十有一，卒后十八年，其子都官郎中
先亦致仕家居，取公所自爱诗十首写之缣素，以
序见属，盖其年八十有二云。于是知其为子野之
父也……自庆历丙戌后十八年，子野为《十咏图》，
当治平甲辰。又后八年，孙莘老为太守，为之作
序，当熙宁壬子。又后一百七十七年，当淳祐己
酉，其图为好古博雅君子所得，会余方修《吴兴
人物志》，见之如获琪璧，因细考而详录之，庶几
不朽于世……庚戌七月五日，直斋老叟书，时年
七十有二。后六年，从明叔借摹，并录余所跋于
卷尾而归之。丙辰中秋后三日也。”

直斋题跋称“近周明叔使君得古画一轴，号《十咏图》”
云云，又言“当淳祐己酉，其图为好古博雅君子所得，会
余方修《吴兴人物志》，见之如获琪璧”，据此可以确定，周
明叔获古画《十咏图》时在淳祐九年（1249）。而直斋因在
吴兴修撰《吴兴人物志》，很快便从周明叔处得见此图，如
获至宝，便“细考而详录之”。从“近周明叔使君得古画一

轴……会余方修《吴兴人物志》”之“近”“会”等字可看出，直斋修《吴兴志》及借观画的时间，一般来说是同时或稍后的。故《湖录》云：“淳祐九年，以某□部侍郎致仕，家居修《吴兴志》，讨摭旧事颇详，未几卒。”其所依据正是《齐东野语》的这条文字信息。直斋这篇跋文，宋牟𪸩《陵阳集》卷十七《题施东皋南园图后》曾有提及：

先父存斋翁以淳祐丙午卜居霅川安定门之里马公桥之旁，乃庆历间郡守马寻宴六老于南园处也……门人马公廷鸾大书“南园”二字揭焉。直斋陈贰卿与先父有同朝好，今跋此图乃庚戌七月五日，后六年丙辰中秋后所书，偶不及焉。直斋后重修郡志，始书曰：“南园，今牟存斋所居，是其处也。”今年庚戌，施东皋携此相侣，视直斋所书之岁适同，岂偶然哉！把玩感概，不能自已，辑书其末而归之。庚戌清明日，陵阳牟某书，年八十有四。

此文明确记载直斋跋《十咏图》在庚戌年，即淳祐十年（1250）；后六年，即宝祐四年（1256），又有识语。此与前文所引《十咏图》卷后所附直斋跋语所题年月"庚戌……直斋老叟书"完全一致。但这只能确认，直斋在淳祐十年已经告老回乡，而不能认为直斋致仕必始于是年。

根据宋朝"致仕""文武官年七十以上不自请致仕者，许御史台纠劾以闻"相关规定，加上陈振孙本来就是一个不恋官位的人，因此以年七十而致仕是比较可信的。以此推测，陈振孙致仕应当在淳祐八年（1248）。

陈振孙以通奉大夫、宝章阁待制、某部侍郎的身份致仕。"通奉大夫"，说明晚年陈振孙得官从三品，进入了高官行列，其身份与优厚的致仕俸禄，为其晚年的藏书与著述活动也提供了优越的条件。

陈振孙的辞世

直斋于何时逝世，没有资料明确记载。因此，明代湖州郑元庆撰《湖录》只能推测说，直斋（淳祐八年戊申，1248）致仕后家居修《吴兴志》，"未几卒"。但，直斋在淳祐十年（1250）庚戌为《十咏图》作跋之后六年，即宝祐四年丙辰（1256），又从周家借来《十咏图》摹写并为之书后，"未几卒"明显有误。

笔者近购刘克庄《后村先生大全集》第三册复印件，卷七十五《外制》所载《故通奉大夫宝章阁待制致仕陈振孙赠光禄大夫制》一文，为我们提供了更多的信息。借此可考知陈振孙到底卒于何时。《后村先生大全集》卷一百九十四附载林希逸所撰《后村先生刘公行状》载：后村先生于景定元年（1260）九月兼权中书舍人；十一月除兵部侍郎兼中书舍人；二年（1261）四月以病辞，俄除兵部侍郎；八月再兼中书舍人；三年（1262）三月除权工部尚书，升兼侍读。

据此，刘克庄撰作《外制》诸篇，时间最早不过景定元年（1260）九月，最迟不晚于景定三年（1262）三月。

再看《外制》其他文章的具体撰作时间，考卷七十五《外制》所收诸篇，依次有：《中大夫参知政事兼太子宾客何梦然封赠三代》《太傅右丞相兼枢密使兼太子少师鲁国公贾似道赠高祖》《端明殿学士朝奉郎签书枢密院事兼太子宾客孙附凤赠三代》等18篇。如何梦然于景定二年（1261）四月兼太子宾客，十二月兼参知政事等。此三篇制文撰作时间皆在景定二年（1261）末及景定三年。不独前面三篇如此，即后面能考见其年代者也在景定三年，如《陈显伯除端明殿学士提举佑神观》一篇，《福建通志》卷六十二《古迹·福州府》载注："（陈显伯）景定三年召拜端明殿大学士、签书枢密院事诏。"景定三年拜职枢密院，这是实职，而制文"除端明殿学士提举佑神观"则已免去"签书枢密院事"而改为祠禄官"提举佑神观"，即不担任职事而居家优亨廪禄，即退位而不致仕，其时间自然应在其后。由于刘克庄于景定三年三月已调离中书舍人一职，故此招撰作时间也在景定三年无疑。

据此看来，刘克庄之子山甫汇刻而成的《后村先生大全集》，在编辑外制时仍是按照后村先生撰作的时间先后来安排的，卷七十五编排的则都是后期的，基本都是景定三年撰作的，《故通奉大夫宝章阁待制致仕陈振孙赠光禄大夫制》置于制文之末，其时间当在景定三年三月，那么，陈振孙去世在景定三年三月或二月。《故通奉大夫宝章阁待制致仕陈振孙赠光禄大夫》制曰：

> 疏傅贤哉，方遂挥金之乐；魏公逝矣，可胜亡鉴之悲。于以饰终，为之揽涕。具官某，其文秋涛瑞锦，其姿古柏寒松。早号醇儒，得渊源于伊、洛；晚称名从，欲辈行于乾、淳。若凤仪麟获而来，以鳢舞狐嗥而去。生刍一束，莫挽于退心；宝带万钉，少旌于耆德。尚期难老，胡不憖遗？噫！德比陈太丘，素负海内之望；官如颜光禄，用为宰上之题，可。

因湖州（安吉）离京城临安很近，讣告很快到达京城，

故通奉大夫寶章閣待制致仕陳振孫贈光

禄大夫

疏傅賢乩方遂揮金之樂魏公逝矣可勝亡鑑之悲

於以飾終為之攬涕具官某其文秋濤瑞錦其姿古

柏寒松早號醇儒得淵源於伊洛晚稱名徒欲輩行

於乾淳若鳳儀麟獲而來以繡舞狐嗥而去生錫一

束莫挽於退心寶蒂萬釘少旌於者德尚期難老胡

不憖遺噫德比陳太丘素負海內之望官如顏光禄

用為宰上之題可

後村先生大全集卷之七十五

克

(廿)劉克莊撰贈陳振孫光禄大夫制

▲ 刘克庄撰陈振孙制

理宗赠其"光禄大夫"（正三品），以尊宠他。是年，陈振孙84 岁。

综上所述，1994 年版《安吉县志》中"陈振孙（1183—约1261）"之记载可修定为"陈振孙（1179—1262）"。

附：陈振孙仕履年表

夏历	公元	年龄	仕履
孝宗淳熙六年己亥	1179 年	1 岁	是年陈振孙生
宁宗嘉定元年戊辰	1208 年	30 岁	是年始任溧水县儒学教谕
嘉定四年辛未	1211 年	33 岁	是年离职回乡
嘉定八年乙亥	1215 年	37 岁	是年在绍兴府学教授任上
嘉定十一年戊寅	1218 年	40 岁	是年改为鄞学教谕
嘉定十七年甲申	1224 年	46 岁	是年在南城县宰任上
理宗宝庆二年丙戌或三年丁亥	1226 年或1227 年	48 岁或49 岁	始充兴化军通判，始撰《直斋书录题解》
绍定元年戊子	1228 年	50 岁	始任军器监簿
绍定三年庚寅	1230 年	52 岁	是年四月撰成《白文公年谱》
端平元年甲午	1234 年	56 岁	是年改任诸王宫大小学教授

续表

夏历	公元	年龄	仕履
端平三年丙申	1236 年	58 岁	是年二月以朝散大夫知台州，兼权浙东提举常平茶盐事。八月免去知台州，正除浙东提举，十月到任
嘉熙元年丁酉	1237 年	59 岁	是年五月改知嘉兴府
嘉熙三年己亥	1239 年	61 岁	是年四月升浙西提举
淳祐元年辛丑	1241 年	63 岁	是年二月任职郎省
淳祐四年甲辰	1244 年	66 岁	是年改除国子司业
淳祐八年戊申	1248 年	70 岁	以通奉大夫、宝章阁待制、某部侍郎致仕，归吴兴
淳祐九年己酉	1249 年	71 岁	修《吴兴人物志》
淳祐十年庚戌	1250 年	72 岁	撰《十咏图跋》
景定三年壬戌	1262 年	84 岁	是年二月或三月卒，赠光禄大夫（正三品）

图海乡愁
TUHAI
XIANGCHOU

陈振孙著作

《直斋书录解题》的成书

　　《直斋书录解题》原书五十六卷，清修《四库全书》时，馆臣自《永乐大典》中辑成二十二卷本。清中叶，卢文弨辑成（新订）《直斋书录解题》五十六卷。现今以四库本收入《武英殿聚珍版丛书》，由江苏书局刊印于光绪九年（1883）八月的《直斋书录解题》流传最广，为通行本。

　　前人大多认为《书录》始撰于直斋任绍兴教授时。依据是《书录》卷五"诏令类"《东汉诏令》：

　　　《东汉诏令》十一卷，宗正寺主簿楼昉叔（楼
　　昉，生卒年不详，字旸叔，号迂斋，南宋鄞县人）

编。大抵用林氏旧本，自为之序。帝王之制，具
在百篇，后世不可及矣；两汉犹为近古。愚未冠
时，无书可观，虽二史亦从人借。尝于班《书》
志、传，录出诸诏，与纪中相附，以便阅览。既仕
于越，乃得见林氏书，而楼氏书近出，其为好古
博雅，斯以勤矣。惟平、献二朝，莽、操用事，如
锡莽及废伏后之类，皆当削去，莽时尤多也。

"既仕于越"，指直斋在绍兴府学教授任上，此处时间
状语只能管到"乃得见林氏书"，而不能延伸到下面的文字。
正在何广棪教授所指出的那样，"忽视了'而楼氏书近出'
一语"。此"近出"，时间完全可能在仕越之后又改掌鄞学
任上。

但也有可能在直斋离开绍兴很久以后。查《东汉诏令》
一书后序有"嘉定十有五年岁次壬午二月朔甬东楼昉自序"
字样，序中说"窃不自揆，仿林君前书之体，纂次成之，目
曰《东汉诏令》。非敢传之他人，亦聊以备遗忘。与我同志
者，幸订正而刊削之，毋以河汾讥我。"此序告诉我们，这
是该书杀青时楼昉叔自序，时间在嘉定十五年（1222），那
么，直斋所称"近出"，必在嘉定十五年之后，其时有可能

已经离开鄞县。如果不在鄞县，那么楼氏稿本直斋也不易见到，而从"楼氏书近出"一语看，更可能是指其书近来刊刻行世。据楼氏婿范光刻书跋语：

> 先生生死文字间，茂制满家，少须荟蕞，次第流传。惟《东汉诏令》成书已久，手所勘订，当在他书先，亟求锓梓，俾与《西汉诏令》骈行，以续成一代典章。呜呼，先生又岂以此书为身后名哉！绍定戊子（1228）中秋日婿范光识。

"绍定戊子"即绍定元年（1228），所谓"楼氏书近出"，当指此次"锓梓"刻板印刷行世。其时直斋已回京城临安上任军器监簿了。临安与鄞县相距不远，直斋得见此书并为之撰写解题，当即在是年或稍后不久。

关于始撰《书录》之诸多"认为"，还有多种，在此不再叙述。

理宗宝庆二年（1226）或三年（1227），直斋离开南城改充兴化军通判。莆田作为兴化军治所，当时只是蕞尔之地，人口不上 10 万人，而藏书数千卷万卷以上的大藏书家就有十多位，可见当年莆田的书源是相当丰富的。这得益于福建刻书业的繁荣，才有昔日莆田的书楼林立、藏书众多，故民间有"三家两书屋"之谚。这一时期，直斋趁此佳机，借录收藏了大量图书，同时也开始了为其藏书撰写解题的计划。《书录》中与莆田相关的图书很多，而能说明其撰写时间在莆田的解题却只有一条，卷五"典故类"《长乐财赋志》条：

> 《长乐财赋志》十六卷，知漳州长乐何万一之撰。往在鄞学，访同官薛师雍子然，几案间有书一编，大略述三山一郡财计，而累朝诏令申明沿革甚详。其书虽为一郡设，于天下实相通。问所从得，薛曰："外舅陈止斋修《图经》，欲以为《财赋》一门，后缘卷帙多，不果入。"因借录之，书无标目，以意命之曰《三山财计本末》。及来莆田，谓郑寅子敬道之，郑曰："家有何一之《长乐财赋志》，岂此耶？"复借观之，良是。其间亦微有增损，末又有《安抚司》一卷，并钞录附益为全书。

文中"及来莆田"一语，说明直斋尚在莆田，此条写于其任职兴化军通判之时没有疑问。此时,直斋已经开始撰写《书录》,这一时期传录诸书之解题都可视为此一时期所撰。如卷五"杂史类"《后魏国典》提要称"此本从莆田刘氏借录",卷八"地理类"《晋阳事迹杂记》提要称"从莆田李氏借录",《番禺杂记》提要称"莆田借李氏本录之",卷十八"别集类"《周益公集》提要称"余在莆田借录为全书",都撰写于这一时期。

《书录》中又多见有"倾倅莆田日""倾在莆田""向在莆田"之语,这些用语表明诸解题皆撰成于离莆之后。为何这些传录的图书没有在莆田撰写解题呢?则有他因。如卷一"易类"《梁溪易传》提要称"倾倅莆田日,借郑本传录。今考《梁溪集》"等;卷六"礼注类"《独断》提要称"向在莆田尝录李氏本,大略与二本同,而上下卷前后错互";卷八"谱牒类"《元和姓纂》提要称"倾在莆田以数本参校,仅得七八,后又得蜀本校之"等,都是因为莆田传录的这类图书,后来又收藏到了新的版本或有新的考订,故解题文字也有了相应的改动,而很可能其初撰仍在莆田时期。

绍定元年(1228),直斋到京城出任军器监簿。这段时间较长,有五六年之久。由于地在京城,身处当时的刻书中心,其藏书当已形成相当规模,其《书录》的撰写此一时期也当初步完成。

直斋藏书中版本最古的一种，是《九经字样》。《书录》卷三"经解类"《九经字样》条云：

> 《九经字样》一卷，唐沔王友翰林待诏唐玄度
> 撰。补张参之所不载，开成中上之。二书却当在
> 小学类，以其专为经设，故亦附见于此。往宰南
> 城出谒，有持故纸鬻于道者，得此书，乃古京本，
> 五代开运丙午（946）所刻也。遂为家藏书籍之最
> 古者。

这个五代开运刻本《九经字样》，成为直斋藏书的镇库之宝。从中也叙述了作为一个藏书家，平时注意收集图书的习惯，这样才有得到"善本"的机会。

直斋仕途多次迁转，但一直没有中断其藏书活动，《书录》的撰写也随着藏书规模的扩大而不断增多。《书录》中明确记载其藏书活动最晚的时间，是卷十二"易类"《易林》条之"嘉熙庚子"（1240）。

> 《易林》十六卷，汉小黄令梁焦延寿赣撰。又

名《大易通变》。唐会昌丙寅越五云溪王俞序。凡四千九十六卦，其辞假出于经史，其意雅通于神祇。盖一卦可以变六十四也。旧见沙随程迥所记，南渡诸人以《易林》筮国事，多奇验。求之累年，宝庆丁亥始得之莆田。皆韵语古雅，颇类《左氏》所载《繇辞》。或时援引古事，间尝筮之，亦验。颇恨多脱误。嘉熙庚子从湖守王寺丞侑借本两相校，十得八九。其中亦多重复，或诸卦数爻共一繇，莫可考也。

能够确切考知直斋撰写年代的，最晚是在淳祐五年、六年间。如《书录》卷三"春秋类"《春秋分纪》解题：

《春秋分纪》九十卷，邛州教授眉山程公说伯刚撰。以《春秋》经传仿司马迁书为《年表》《世谱》《历》《天文》《五行》《地理》《礼乐》《征伐》《官制》诸书。自周、鲁而下，及诸小国、夷狄皆汇次之。时有所论发明，成一家之学。公说积学苦志，早年登科，值逆曦乱，忧愤以死，年三十七。兄弟三人皆以科第进。今中书舍人公许，其季也。

据《宋史》卷四百一十五程公许本传及《理宗纪》，公许迁中书舍人、进礼部侍郎，在淳祐五年（1245）十二月至六年（1246）十二月之间。直斋既称程公许时为中书舍人，则此条之撰写当在此际或稍后，是时，《书录》之撰写已历时近20年。

虽然可考的撰写年代，最晚在淳祐五年、六年间，但因为《书录》一直没有刊印，也就难有一个确定的成书时间。我们找不到证据说明，淳祐五年、六年后，直斋就终止了《书录》的撰写。在其后的生命旅程中，尤其是在致仕回吴兴、安吉后，饱受中国传统文化浸染的直斋，嗜书如命，定以藏书"为士人生平第一要事"，加上南宋雕版印刷业兴盛，推动书业中心和官、民书坊发展，直斋必然会不断收藏新书，《书录》自然也会不断补进新撰的解题，终成我国目录学史上划时代的巨著。

《直斋书录解题》的流传

《直斋书录解题》虽然是直斋毕其一生心血而成的一部研究型的目录学杰作，但该书在问世之后，却经历了一个由显而晦，复由晦而显，佚而复出，亡而复得的曲折过程。最早传抄《书录》的，可考者是与直斋同乡的程棨。

> 乾隆乙未，余客京师，寓裘文达公赐第，铜梁王榕轩检讨赠余是书，盖聚珍版也。《录》（《直斋书录解题》）中附有随斋批注，一时纂修诸公未详其人。余按卷三郑樵《石鼓文考》批注有"先文简"，宋龙图阁学士吏部尚书新安程泰之大昌，

谥文简。曾孙荥，字仪甫，号随斋，元时人。周益公作《文简墓诰》云："公自宦游去乡里，乐吴兴溪山之胜而卜居焉。晚得安吉梅溪乡邸阁山，规营茔域，卒葬其地。子四人：准、新、本、阜。孙三人：端复、端节、端履。"文简自歙迁湖，子孙贯安吉，与直斋同时同里。而批注所云："樵以秦斤、秦权有'丞''殹'两字，遂以石鼓为先秦物，先文简论而非之。其说具载《演繁露》。"则随斋之为荥，确然无疑矣。（见清沈叔埏《颐彩堂文集》卷八）

由于不断地寻访图书、著录图书，所以《书录》成书后，一直藏在直斋家中，以便作者不断地加以补充修订。到了最后，由于各种原因所致，直斋的藏书逐渐散失，而《书录》亦随之传出，程棨因"同乡"地利之便，先有机会看到稿本或传本，并为之批注。

《书录》一问世，就受到当世学者的推崇。宋末周密《齐东野语》卷十二《书籍之厄》云："近年惟直斋陈氏书最多，盖尝仕于莆，传录夹漈郑氏、方氏、林氏、吴氏旧书至五万一千一百八十余卷，且傲读书志作解题，极其精详，近亦散失。"周密富藏书，是直斋的同乡、后辈，并且两人相识，可以说是《书录》最早读者之一。周密对陈氏藏书的散佚充满了惋惜，其对《书录》的推崇更是溢于言表，《齐东野语》更是多次提及引用《书录》。宋元之时，曾得见陈氏《书录》的还有牟子才、牟献父子，马廷鸾、马端临父子以及元代吴师道等。尤其是马端临，将《书录》几乎全文采入而成《经籍考》，足以窥见陈氏《书录》的学术价值和后人的重视。牟子才与直斋同朝做官，后又卜居于直斋乡里，这种个人交谊及诸多方面因素，使得他们有了阅读《书录》的便利。总体来看，《书录》在宋、元之际流传不广。元代袁桷久居史院，又是藏书家，其在《清容居士集》卷四十八《书陆淳春秋纂例后》亦称："闻苕溪直斋陈氏书目咸有之。"造成《书录》流传不广的直接原因，就是该书未曾有机会雕版梓行，而仅以抄本的形式流传。

入明以后，《书录》的流传就越加稀见了。明初永乐年间明代内府藏有《书录》是不言自明的，因为《永乐大典》曾将该书全书抄入。民间更是罕见其踪。

清初私家藏书目录也不曾著录过陈氏《书录》，可证当时《书录》之传本（残抄本除外）已不复见于天地。无法设想，一部如此罕见而重要的典籍，藏书家、学问家人人皆欲得而宝之者，当时和其后的诸多学者以及数以百计的藏书家竟然无人知晓。

综上所述，《书录》在四库馆臣从《永乐大典》中辑出以前，一直都不曾刊印过，而仅以抄本的形式在民间传播。至明清之时，随着时间推移，抄本亦不复见有全本。

传为现存最早的本子是元抄本残卷，残存第四十七卷楚辞类、第四十八总集类、第四十九至五十别集类等。

清乾隆时卢文弨曾据旧藏残本和旧抄残卷，重新订辑了一个新本。其重订情形在《书新订直斋书录解题后》中有具体说明：

> 此书外间无全本久矣，《四库》馆臣从《永乐大典》中钞出，分为二十二卷。余既识其后矣，丁酉王正，复得此书子集数门元本于知不足斋主人所，乃更取而细订之。知此书惟"别集"分三卷，"诗集"分两卷，而其余每类各自为卷，虽篇幅最少者，亦不相为联属。余得据之定为五十六卷。元第"诗集"之后然后次以"总集"，又"章奏"，又"歌词"，越十九年而更见子部中数门，则安知将来不更有并得经史诸类者乎？取以证

吾所钞者，庶有以明吾之不妄为纷更也已。乾隆
四十三年正月二十九日东里卢文弨书。

旧抄残本卷帙最多的一个本子，是清宋兰挥藏本，定
《书录》为二十二卷。日本有宋藏本的抄本，后由杨守敬从
日本带回，这两个本子是可利用的重要版本。

据此看来，《书录》之流传，在清代乾隆间馆臣辑本问
世之前，实在是危如累卵，命悬一缕，藏书家们皆仅有子集
两部不全之残本，而学者们往往连残本也难得一见。故而当
武英殿聚珍本一问世，卢文弨见之亦不禁欣喜感叹："殊为
晚年之幸！"对《书录》来说，活字排印馆臣辑本的出现，
确实开始了《书录》传播的崭新历程。

武英殿聚珍版的问世，不仅使《书录》全貌重现，而且
使《书录》第一次有了印本。这是乾隆间编修《四库全书》
时取得的最重要的辑佚成果之一。重辑《书录》的功臣是
邹炳泰（1741—1820）。他的《午风堂丛谈》卷一对此有所
说明：

　　宋吴兴陈振孙《直斋书录解题》，列经史子
集，中分五十三卷，视晁公武《读书志》议论较

为精核，马氏《经籍考》多援之而作。其书久佚，《永乐大典》载之，余校纂成编，列入《四库》，曾以聚珍版印行，购者珍如星凤。

之后，《书录》又经过福建书局翻刻，苏州和杭州刊刻。

辛亥革命以后，诸如商务印书馆等一些较大的出版社，对《书录》进行刊印，如《丛书集成》收录了《书录》。

今有徐小蛮、顾美华先生的点校本，由上海古籍出版社1987年出版，此为现今通行本，也是目前较好的一个本子。该点校本以《武英殿聚珍版丛书》本为底本，采用朱彝尊先生旧藏抄本残卷与卢文弨先生《新订〈直斋书录解题〉》稿本作为主要校本，同时还参校了《文献通考》等文献。

《直斋书录解题》在图书分类学上的成就

古籍分类不易。宋郑樵云："类例既分，学术自明，以其先后本末俱在。观图谱者，可以知图谱之所始。观名数者，可以知名数之相承。谶纬之学，盛于东都。音韵之书，传于江左。传注起于汉魏。义疏成于隋唐。睹其书，可以知其学之源流。或旧无其书而有其学者，是为新出之学，非古道也。""古今编书，所不能分者五：一曰传记，二曰杂家，三曰小说，四曰杂史，五曰故事。凡此五类之书，足相紊乱。又如文史与诗话亦能相滥。"章学诚进一步补充道："若就书之易淆者言之：经部易家与子部之五行阴阳家相出入；乐家与集部之乐府、子部之艺术相出入；小学家之书法与金石之法帖相出入；史部之职官与故事相出入；谱牒与传记相出入；故事与集部之诏诰奏议相出入；集部之词曲与史部之小学相出入；子部之儒家与经部之经解相出入；史部之食货与子部之农家相出入；非特如郑樵之所谓传记、杂家、小说、杂史、故事五类，与诗话、文史之二类易相紊乱已也。"直斋《书录》在分类上充分发挥了"辨章学术，考镜源流"的作用，既继承了前人的成果，又推陈出新，形成了一套自己的分类方法。

一、《书录》分类概况

四库馆臣从《永乐大典》中辑录的《书录》分为二十二卷，在类目与分卷上和现存五十六卷抄残卷的类目与分类相比较，可发现，《书录》的编制顺序是根据图书内容性质按类排列的，其分类体系继承了隋唐以来目录学正统派的四部分类法。王重民（1903—1975，中国古文献学家）说该书"分为经史子集四录"，并且说"这是书名上'书录'两字的由来。"无总序和大序，周佳林先生说："为避免再次重复和陷入平庸，他（直斋）已经不愿意再将读者大都了解，但前人每每提起却已无新意的大序和类序添置于《解题书录》中。"现存能见到的有作为标题用的五十三个类目名称。其排列顺序为：

卷一：易类。

卷二：书类、诗类、礼类。

卷三：春秋类、孝经类、语孟类、谶纬类、经解类、小学类。

卷四：正史类、别史类、编年类、起居注类。

卷五：诏令类、伪史类、杂史类、典故类。

卷六：职官类、礼注类、时令类。

卷七：传记类、法令类。

卷八：谱牒类、目录类、地理类。

卷九：儒家类、道家类。

卷十：法家类、名家类、墨家类、纵横家类、农家类、杂家类。

卷十一：小说家类。

卷十二：神仙类、释氏类、兵书类、历象类、阴阳家类、卜筮类、形法类。

卷十三：医书类。

卷十四：音乐类、杂艺术、类书类。

卷十五：楚辞类、总集类。

卷十六：别集类上。

卷十七：别集类中。

卷十八：别集类下。

卷十九：诗集类上。

卷二十：诗集类下。

卷二十一：歌词类。

卷二十二：章奏类、文史类。

《书录》有五十六卷本和二十二卷本两种。五十六卷本是在上述五十三类中，将著录书籍最多的别集类分为上、中、下三卷，诗集类分为上、下卷，而其余每类各自为卷，虽有的类目存书只有一部，也定为一卷。如此以类为卷统计起来，恰为五十六卷。卢文弨校本《书录》新定目录正是如此。而二十二卷本却是根据每类收书多少而定，少者合并数类为一卷，多者每类各自为卷，或一类为二卷、三卷，使每卷收书部数相近，平均分配定为二十二卷。流传较广的《四库全书》本（或曰《武英殿聚珍版丛书》本）系统的版本都是如此。但是，我们以《书录》著录全部藏书的总卷数下校核，从其存书部数及存卷总数相查对，都可以发现二十二卷本和五十六卷本的内容是一致的，"只是文字小有差异，多为四库馆臣为避清帝讳而作的修改"（张守卫《传世文献的整理与研究》）。

二、类目设置的突破与创新

在具体类目的设置上，直斋根据时代变化的需要，设置了应有的类目，并对他新创、改进或恢复的十个类目，写了十篇小序（但王重民先生说"仅有7个类目小序"，来新夏先生说"九类存有小序"，本节以周佳林、张守卫先生"十篇小序"为据），论类例，明学术，考源流，体现了直斋在目录学上推陈出新的精神。

（1）卷三语孟类小序云："前志《孟子》本列于儒家，然赵岐固尝以为则象《论语》矣。自韩文公称孔子传之孟轲，轲死，不得其传。天下学者咸曰孔、孟。孟子之书，固非荀、扬以降所可同日语也。今国家设科取士，《语》《孟》并列为经，而程氏诸儒训解二书常相表里，故今合为一类。"

该序阐明了语孟合为一类的原因。这是由于宋人已将《孟子》列在经部，是开科取士的考试科目，故直斋结合当时政治形势，创设此类目。"语孟类"的设置被后世书目继承，《明史艺文志》沿用发展为"四书类"。

（2）卷三小学类小序云："自刘歆以小学入《六艺略》，后世因之，以为文字训诂有关于经艺故也。至《唐志》所载《书品》《书断》之类，亦厕其中，则庞矣。盖其所论书法之工拙，正与射御同科，今并削之，而列于杂艺类，不入经录。"

在这里，直斋给经录类中的小学类的范畴作了新的规定，调整了小学类收书范围，剔除了《唐志》入于小学类的《书品》《书断》等书，其内容既已无关经艺，故将其归入杂艺类。

（3）卷四起居注类小序云："《唐志》起居注类，实录、诏令皆附焉。今惟存《穆天子传》及《唐创业起居注》二种，余皆不存。故用《中兴馆阁书目》例，与实录共为一类，而别出诏令。"

这里说把实录并入"起居注类"，而从其中别出"诏令"作为一个新的类目单设，"诏令类"是直斋首创，在古代图书分类学上的影响极为深远。赵子夫先生认为从起居注中分出"诏令类"，使诏令由"帝王之一集"变为研究一朝的重要资料，从而突出了诏令的文献价值。

（4）卷六时令类小序云："前史时令之书，皆入'子部农家类'。今案诸书上自国家典礼，下及里闾风俗悉载之，不专农事也。故《中兴馆阁书目》别为一类，列之'史部'，是矣。今从之。"

这里说明直斋从子部农家类中别出时令类书，设置时令类的原因，即农家类书主要记载各地风俗和国家典礼，实与农家类目的性质不吻合，更符合史书特征。

（5）卷十农家类小序云："农家者流，本于农稷之官，勤耕桑以足衣食。神农之言，许行学之，汉世野老之书，不传于后，而《唐志》著录，杂以岁时月令及相牛马诸书，是犹薄有关于农者。至于钱谱、相贝、鹰鹤之属，于农何与焉？今既各从其类，而花果栽植之事，犹以农圃一体，附见于此，其实则浮末之病本者也。"

这里说钱谱、相贝、鹰鹤等与农事无关的书，理应"各从其类"，甚是，以便农家类收书更规范。

（6）卷十二阴阳家类小序云："自司马氏论九流，其后刘歆《七略》、班固《艺文志》，皆著阴阳家。而'天文''历诸''五行''卜筮''形法'之属，别为《数术略》。其论阴阳家者流，盖出于羲和之官，钦若昊天，历象日月星辰。拘者为之，则牵于禁忌，泥于小数。至其论数术，则又以为羲和卜史之流。而所谓《司星子韦》三篇，不列于天文，而著之阴阳家之首。然则阴阳之与数术，亦未有以大异也。不知当时何以别之。岂此论其理，彼具其术耶？今《志》所载二十一家之书皆不存，无所考究，而《隋》《唐》以来子部，遂阙阴阳一家。至董逌《藏书志》，始以'星占''五行'书为阴阳类。今稍增损之，以'时日''禄命''遁甲'等备阴阳一家之阙，而其他数术，各自为类。"

这里直斋说明了阴阳家的渊源。

（7）卷十四音乐类小序云："刘歆、班固虽以《礼》《乐》著之六艺略，要皆非孔氏之旧也，然《三礼》至今行于世，犹是先秦旧传。而所谓《乐》六家者，影响不复存矣。窦公之《大司乐章》既已见于《周礼》，河间献王之《乐记》亦已录于《小戴》，则古乐已不复有书。而前志相承，乃取乐府、教坊、琵琶、羯鼓之类，以充乐类，与圣经并列，不亦悖乎！晚得郑子敬氏《书目》独不然，其为说曰：仪注、编年，各自为类，不得附于《礼》《春秋》，则后之乐书，固不得列于六艺。今从之，而著于子录杂艺之前。"

直斋认为把民间的音乐并入古代乐经中去是不对的。因此他在"杂艺类"前设立"音乐类"，以归纳后世乐书，可以说是图书分类史中的一大突破。

（8）卷十九诗集类上小序云："凡无他文而独有诗，及虽有他文而诗集复独行者，别为一类。"

（9）卷二十二章奏类小序云："凡无他文而独有章奏，及虽有他文而章奏复独行者，亦别为一类。"

介绍了诗集类和奏章类的内容和文体。随着诗歌文学的发展，诗集成为数量庞大的一类。如仍将其置于别集类，该类将容纳诗文合集、诗集、文集等类书籍，数量将极为庞大；而某些作者既有诗文合集，又有独行的诗集或文集，全置于一类，便会重出。故设置诗集类，使之更为专门、清晰。反映了集部书分类细化的趋势。

（10）卷三谶纬类小序。

此小序没有像其他小序那样放在各类之前单列，而是放在卷三最后一部书《乾坤凿度》的解题内，一直为人所忽视。如下：

一作《《凿度》，题包羲氏先文，轩辕氏演籀，苍颉修。晁氏《读书志》云《崇文总目》无之，至元祐《田氏书目》始载，当是国朝人依托为之。按《后汉书》"纬候之学"，注言："纬，七纬也；候，《尚书中候》也。"所谓《河洛》七纬者，《易纬稽览图》《乾凿度》《坤灵图》《通卦验》《是类谋》《辨终备》也。《书纬璇玑钤》《考灵曜》《帝命验》《连期授》也。《诗纬推度灾》《汜历枢》《含神雾》也。《礼纬含文嘉》《稽命征》《斗威仪》也。《乐纬动声仪》《稽曜嘉》《叶图征》也。《孝经纬援神契》《钩命决》也。《春秋》纬《演孔图》《元命包》《文耀钩》《运斗枢》《感精符》《合诚图》《考异邮》《保乾图》《汉含孳》《佐助期》《握诚图》《潜潭巴》《说题辞》也。谶纬之说，起于哀、平、王莽之际，以此济其篡逆，公孙述效之，而光武绍复旧物，乃亦以《赤伏符》自累，笃好而推崇之，甘与莽、述同志。于是佞臣陋士从风而靡，贾逵以此论《左氏》学，曹褒以此定汉礼，作《大予乐》。大儒如郑康成，专以谶言经，何休又不足言矣。二百年间唯桓谭、张衡力非之，而不能回也。魏、晋以革命受终，莫不傅会符命，其源实出于此。隋、唐以来，其学浸微矣。考《唐志》犹存九部八十四卷，今其书皆亡。唯《易纬》仅存如此。及孔氏《正义》或时援引，先儒盖尝欲删去之，以绝伪妄矣。使所谓七纬者皆存，犹学者所不道，况其残缺不完，于伪之中又有伪者乎！姑存之以备凡目云尔。《唐志》数内有《论语纬》十卷，七纬无之。《太平御览》有《论语摘辅像撰考谶》者，意其是也。《御览》又有《书帝验期》《礼稽命曜》《春秋命历序》《孝经左右契》《威嬉拒》等，皆七纬所无，要皆不足深考。

"一作《巛凿度》，题包羲氏先文，轩辕氏演籀，苍颉修。晁氏《读书志》云《崇文总目》无之，至元祐《田氏书目》始载，当是国朝人依托为之。"此为该书解题。从这篇小序中，我们可以清晰地了解谶纬类的渊源、盛衰、流变的过程。直斋或许为了保持其他九篇小序的纯粹性，"姑存之以备凡目云尔",将此小序附于该类末书解题之后。

三、考核校正前志分类之得失

（1）前志分类不一，择善而从。卷十法家类《管子》二十四卷："齐相管夷吾撰。唐房玄龄注。案《汉志》,《管子》八十六篇，列于道家。《隋》《唐志》著之法家之首。今篇数与《汉志》合，而卷视《隋》《唐》为多。管子似非法家，而世皆称管、商，岂以其操术用心之同故耶？然以为道则不类。今从《隋》《唐志》。"

（2）前志不当，仍姑从之，或改入他类。卷三经解类《嘉祐谥》三卷："太常礼院编纂眉山苏洵明允撰。洵与编《六家谥法》，因博采诸书为之，为论四篇，以序其去取之意。谥法与解经无预，而前志皆以入此类，今姑从之，其实合在《礼》注。"

（3）考前志分类之失。卷十五总集类《箧中集》一卷："唐元结次山录沈千运、赵微明、孟云卿、张彪、元季川、于逖、王李友七人诗二十四首，尽箧中所有次之。荆公《诗选》尽取不遗。唐中世诗高古如此，今人乃专尚季末，亦异矣。《馆阁书目》以为结自作，入别集类，何其不审也！"

（4）通过考察书之内容及功用，以确定其归类。卷四编年类《百官公卿表》十五卷："司马光撰。其序曰：'朝廷所以鼓舞群伦，缉熙庶续者，曰官、曰差遣、曰职而已。'所谓'官'者，乃古之爵也；所谓'差遣'者，古之官也；所谓'职'者，古之加官也。自建隆以来，文官知杂御史以上，武官合门使以上，内臣押班以上，迁转黜免存其实，以先后相次为表。"本入职官类，以《稽古录序》所谓"建隆接乎熙宁，臣又著之于《百官表》，即谓此书，盖与《通鉴》相为表里，故著之于此。案晁氏《读书志》有一百四十二卷，未详。"

（5）对于书籍性质易混淆者，详加考辨，以明其归属。卷三经解类《经典释文》三十卷："唐陆德明撰。自《五经》《三传》《古礼》之外，及《孝经》《论语》《尔雅》《庄》《老》，兼解文义，广采诸家，不但音切也。或言陆吴人，多吴音，综其实未必然。案前世《艺文志》列于经解类。《中兴书目》始入之小学，非也。"

（6）从便于利用的宗旨出发，通融处理某些书籍的归类。卷十六别集类上，有《陶靖节年谱》《韩文公志》及《白集年谱》，卷十七别集类中，有《三苏年表》。四书俱为传记而不入传记类，入集部，犹后世编各家诗文集，常把作者之传记及年谱附于集前或集后，便于读者参考而已，非分类之误也。

（7）记他人书目分类情况。卷八目录类《群书备检》三卷："不知名氏。皆经、史、子、集目录。"为正统的四部分类。同卷又有《郑氏书目》七卷："莆田郑寅子敬以所藏书为七录，曰经，曰史，曰子，曰艺，曰方技，曰文，曰类。寅，知枢密院侨之子，博文强记，多识典故。端平初召为都司，执法守正，出为漳州以没。"正是凭借《书录》的记录，后人才得以了解久佚的《郑氏书目》所分七类，不同于四部的分类情况。

四、采用互著、别裁之法

如卷一易类《京房易传》三卷、《积算杂占条例》一卷："吴郁林太守吴郡陆绩公纪注。京氏学废绝久矣。所谓《章句》者，既不复传，而《占候》之存于世者仅若此，较之前志，什百之一二耳。今世术士所用世应、飞伏、游魂、归魂、纳甲之说，皆出京氏。晁景迁尝为京氏学，用其传为《易》式云。或作四卷，而《条例》居其首。又有《参同契》《律历志》，见阴阳家类，专言占候。"

如卷五杂史类《邵氏闻见录》二十卷："邵伯温撰。多记国朝事。又有《后录》三十卷，其子溥所作，不专纪事。在子录小说类。"

如卷十二神仙类《金碧上经古文龙虎传》："长白山人元阳子注。皆莫知何人。已上十八种共为一集，其中有《龙牙颂》及《天隐子》，各已见释氏、道家类。"这是从丛编中别出某些篇章，归入性质相同的他类，即采用别裁之法。

互著、别裁法的运用，充分地体现了"辨章学术，考镜源流"的原则，从而便于读者"即类求书，因书究学"，更好地发挥目录学作为治学门径的作用。

陈振孙的其他著作介绍

　　陈振孙一生勤于征访图书，善于阅读，博通古今，又精于校雠，所以其著述立说亦颇有成就。《宋史·艺文志》未加著录的原因，是因宁宗时以《中兴馆阁续书目》（南宋官修目录）为蓝本，编"续中兴艺文志"。以后馆阁废校书之事，元人修《宋史·艺文志》遂失依据。直斋生于宋季，其著作不见著录于《宋史·艺文志》不足为奇。清初黄虞稷编《千顷堂书目》，以明人著述为主，每类之后兼收宋辽金元人著述，即欲补此四朝《史志》之阙。后吴骞据以校补。编为《四朝经籍志补》。但所以补《宋志》部分不多。倪璨亦有纂辑，卢文弨合黄、倪、吴三家所得，加以订正，撰成《宋史·艺文志补》，其史部目录类有《直斋书录解题》五十六卷。但实际上，直斋著作除此之外，还有很多，今存者尚有《白氏文公年谱》一卷，序跋数篇，七律一首。

一、《直斋书录解题》

在《书录》的成书一章中已有介绍，此处不再介绍。

二、《白氏文公年谱》

《书录》卷十六别集类上有《白氏长庆集》七十一卷、《年谱》一卷、又《新谱》一卷："唐太子少傅太原白居易乐天撰。案：集后记称前著《长庆集》五十卷，元微之为序；《后集》二十卷，自为序；今又《续后集》五卷，自为记：前后七十五卷。时会昌五年也。《墓志》乃云'集前后七十卷'。当时预为志，时未有《续后集》。今本七十一卷，苏本、蜀本编次亦不同，蜀本又有《外集》一卷，往往皆非乐天自记之旧矣。《年谱》，维扬李璜德劭所作，楼大防参政得之，以遗吴郡守李伯珍谏议刻之。余尝病其疏略牴牾，且号为《年谱》而不系年，乃别为《新谱》，刊附集首。"

又《白集年谱》一卷："知忠州汉嘉何友谅，以居易旧治既刊其《文集》，又作《年谱》，刊之集首。始余为谱既

成，妹夫王枞叔永守忠录寄之，则忠已有此《谱》，视余
《谱》详略互见，亦各有发明。其辨李崖州三绝非乐天作，
及载晁子止之语，谓与杨虞卿为姻家，与牛僧孺为师生，而
不陷牛李党中，与余暗合，因并存之。详见《新谱》末章。"

《白氏文公年谱》卷末跋落款为"直斋陈振孙伯玉父"。

三、《洛阳名园记跋》

北宋文学家李格非（宋代爱国女诗人李清照之父）于绍
圣二年（1095）撰成《洛阳名园记》。《洛阳名园记》是有关
北宋私家园林的一篇重要文献，对所记诸园的总体布局以及
山池、花木、建筑所构成的园林景观描写具体而翔实，可视
为北宋中原私家园林的代表。直斋跋云：

晋王右军闻成都有汉时讲堂，秦时城池门屋
楼观，慨然遐想，欲一游目。其与周益州帖，盖
数致意焉。近时吕太史有宗少文卧游之语。凡昔
人记载人境之胜为一篇，其奉祠亳社也。自以为
谯沛真源，恍然在目，视究之太极，嵩之崇福，
华之云台，皆将卧游之。噫嘻！弧矢四方之志，
高人达士之怀，古今一也。顾南北分裂，蜀在境

内虽远，患不往尔，往则至矣。亳兖嵩华，视蜀
犹尔封也，欲往其可得乎。然则太史之情，其可
悲也已。予近得此记，手为一通，与《东京记》
《长安河南志》《梦华录》，诸书并藏而时自览焉，
是亦卧游之意云尔。永嘉陈振伯玉书。（摘自 1983
年 4 月刊《洛阳名园记》）

陈振孙所说的时自览《梦华录》诸书，就是时时提醒自
己不要忘记沦陷了的中原土地。

四、《玉台新咏集后序》

陈振孙的儒家正统思想直接影响了他的词学思想。陈
振孙作于宋宁宗嘉定八年（1215）的《玉台新咏集后序》这
样说：

夫诗者，情之发也。征戍之劳苦，室家之怨
思，动于中而形于言，先王不能禁也。岂惟不能
禁，且逆探其情而著之，东山、杕杜之诗是矣。
若其他变风化雅，谓"岂无膏沐，谁适为容""终
朝采绿，不盈一掬"之类，以此集揆之，语意未

大异也。顾其发乎情则同，而止乎礼义者盖鲜矣！然其间仅合者亦一二焉。其措辞托兴高古，要非后世乐府能及。自唐《花间集》已不足道，而况近代狭邪之说，号为以笔墨动淫者乎！

五、《崇古文诀序》

见陆心源《皕宋楼藏书志》一百十四卷。直斋序内容如下。

（上缺）则又何足以为文。迂斋楼□文名于时，士之从其游者一□□援，皆有师法。间尝采集先□□以来迄于今世之文，得一百六十有八篇，为之标注，以诒学者。凡其用意之精深，立言之警拔，皆深索而表章之。盖昔人所以为文之法备矣。振观公之去取，至于伊川先生讲筵二疏，与夫致堂、澹斋二胡公所上高庙书，彼皆非蕲以文著者也，而顾有取焉，毋亦道统之传，接续孔孟，忠义之气，贯通神明，殆所谓有本者非耶？然则公之是编，岂徒文而已哉！昔之论文者曰文以气为主，又曰文者贯道之器也。学者其亦以是观之，则得所以为之法矣。公名昉，字旸叔，鄞人，迂斋其自谓也。宝庆丙戌嘉平月既望，永嘉陈振孙序。

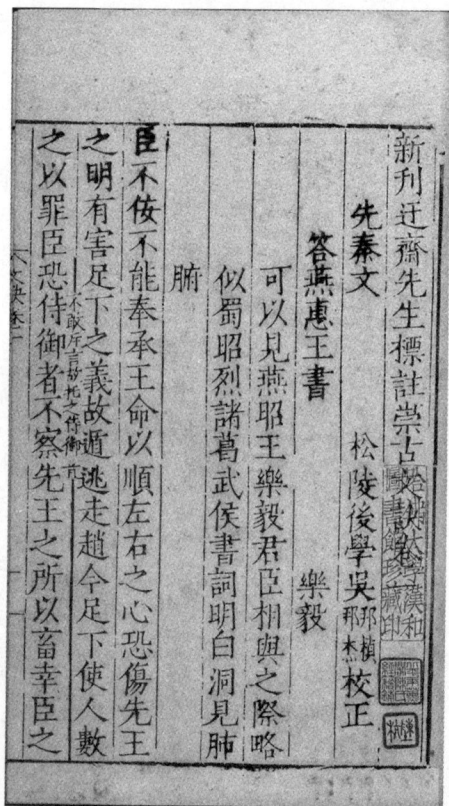

▲ 迂斋标注崇古文诀

六、《吴兴张氏十咏图跋》

已专门列为一篇，此处不再介绍。

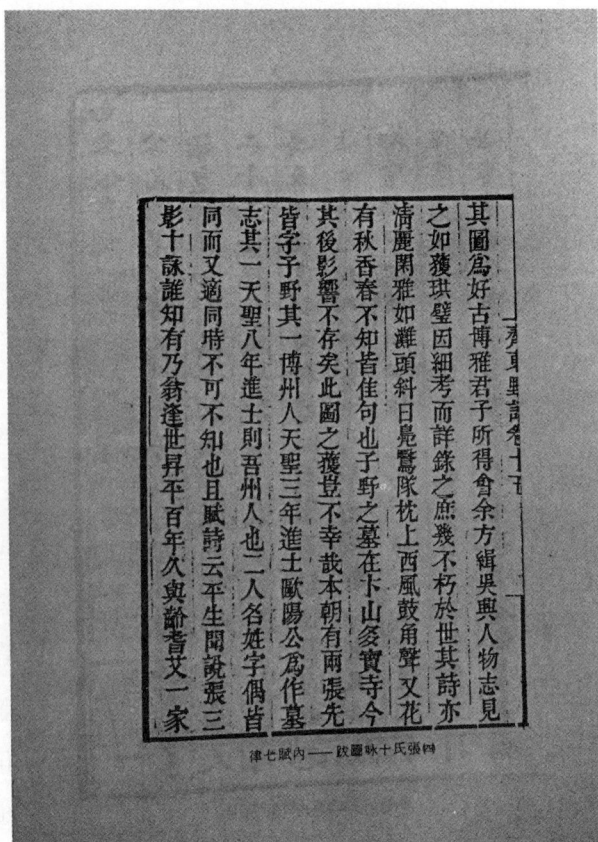

▲ 齐东野语载张氏十咏图跋

七、《七律》一首

题张氏十咏图

平生闻说张三影，十咏谁知有乃翁。

逢世升平百年久，与龄耆艾一家同。

名贤序述文章好，胜事流传绘画工。

遐想盛时生恨晚，恍如身在此画中。

八、《重建碧澜堂记》

存"镜波蓝浪，万顷空阔"一句。乙酉初冬，笔者购得宋代吴兴诗人韦居安《梅磵诗话》影印件一册，卷上载：吾乡地濒具区，故郡以湖名。叶水心为赵守希苍作《胜赏楼记》，有"四水会于霅溪，镜波蓝浪"等语，然直斋为吴守子明记重建碧澜堂，亦云："镜波蓝浪，万顷空阔。"以是观之，则水晶宫之称非浪得也。环城数十里，弥望皆菰蒲菱荷，城中月河莲花庄一带亦然。余赏爱杨廷秀《过雪川大溪》诗数语，形容最佳。诗云："菰蒲际天青无边，只堪莲荡不堪田。中有一溪元不远，摺作三百六十湾。正如绿锦衣地上，玉龙盘屈于其间。"味此诗，则雪之胜概大略可见。

九、《书解》

已佚。宋周密《志雅堂杂钞》卷下云："直斋所著书，有言《书解》一册、《易解》《系辞录》《史钞》。"

十、《易解》

已佚。（出处同上）

十一、《系辞录》

已佚。（出处同上）

十二、《史钞》

已佚。（出处同上）

十三、《书说》

已佚。朱彝尊《经义考》卷八十一载《陈氏振孙尚书说》佚文："袁桷曰：书有今文、古文，陈振孙掇拾援据，确然明白，周密曰：直斋有《书说》二册行世。"

十四、《吴兴氏族志》

已佚。宋代吴兴诗人韦居安《梅磵诗话》卷上载：沈作喆，字明远，吴兴人，守约丞相之侄，自号寓山。登绍兴进士第。尝为江右漕属，作《哀扇工》诗，掇怒洪帅魏道弼，捃深文劾之，坐夺三官。其后从人使虏，南涧韩无咎遗之诗曰："但如王粲赋《从军》，莫为班姬咏《团扇》。"有旨哉！洪有士子与寓山往来相款洽，一日清晨来访，寓山犹在寝，遂径造书室，翻箧中纸诗稿在焉，由是达魏之听。陈直斋《吴兴氏族志》云："《哀扇工》诗，骂而非讽，非言之者罪也。"其诗不传。故直斋尝撰《吴兴氏族志》。

十五、《吴兴人物志》

已佚。直斋跋《张氏十咏图》言："又后一百七十七年，当淳祐己酉，其图为好古博雅君子所得，会余方修《吴兴人物志》，见之如获珙璧，因细考而详录之，庶几不朽于世。"故直斋曾撰《吴兴人物志》。

十六、《玄真子渔歌碑传集录》

已佚。《书录》卷十五总集类《玄真子渔歌碑传集录》

一卷:"玄其子渔歌,世止传诵其'西塞山前'一章而已。尝得其一时倡和诸贤之辞各五章,及南卓、柳宗元所赋,通为若干章。因以颜鲁公《碑述》《唐书》本传以至近世用其词入乐府者,集为一编,以备吴兴故事。"卷九道家类《玄真子外篇》三卷:"《唐志》《玄真子》十二卷,今才三卷,非全书也。既曰《外篇》,则必有《内篇》矣。志和事迹,详见余所集碑传。"故直斋曾撰《玄真子渔歌碑传集录》。

陈振孙撰写《华胜寺记》

宁宗嘉定元年戊辰（1208），30 岁的直斋由中央吏部选差，来到溧水县担任教谕一职。直斋作为儒学教谕，是县学的教授，相当于教委主任或县学校长，应该还有两名训导做助手。授课以孔孟学说为主，所以称为"儒学"，负责教育生员读书。

嘉定四年（1211），33 岁的直斋从溧水县儒学教谕任上辞去官职，回到吴兴安吉，这是直斋外出做官后首次长时间居住在家里。这从直斋《华胜寺记》中所言"三年，余去官归"之"归"字可以得到确认。

直斋辞官在家这段时间，并没有中断对外联系。如溧水县华胜寺住持僧宗应两次来信，请求直斋为华胜寺写一篇碑记。直斋在碑记中写道："其冬，应以书来日：役且毕矣，向所言者今无不酬。石具而未有文，敢以请。书再至，请益勤，余不获辞。"无法推辞，直斋在家乡梅溪完成了《华胜寺记》的撰写。碑文如下：

嘉定初，余为吏溧水，南出县门三里有寺曰华胜，间送迎宾客至其所。寺据南亭冈，右临官道为旁出，其南则□船、马鞍诸山环列如屏障，北眺县郭、市井、屋木，历历可数。丈室后，稚松成林，葱翠茂悦。由左而下，隙地千余亩，井泉冽甘，仲竹半围。其前稍空旷，诛茅为亭，与向之诸山相宾揖。余乐其境幽胜，每至辄裴回不能去。顾寺犹草创，殊弗称其境，仅有讲堂、寝室及左庑数十楹而已。主僧宗应方聚材于庭为兴造计，余因叩以建置本末，应言：寺本在邑西佛子墩，久废。当绍兴十七年（1147），吴兴僧如日驻锡此地，得古井焉，浚之以饮行旅。县民倪实为卓庵其傍。至乾道五年（1169），始请于郡，得寺之故名揭之。日年九十余死，其徒嗣之者志常，

121

常老以属宗应，由绍兴迄今六十余年矣。邑无富商大贾，其民力农而啬施；无深林寿木，作室者常取材他郡。寺无常产，丐食足日，敛其余铢铢积之，绵岁月迺能集一事。故祖孙三世所就仅若此。今将为门、为右庑，即庑为输藏所。未暇者，佛庐钟阁，役最大，度未易强勉。以吾三世六十余年所不能为之事，而欲以一身数年之力为之哉！姑尽吾力以为前所欲为者，幸而有成，则与求文刻石，为记其已成者、以期其未成者。方将有请于君，而未敢也。会岁荐饥，弗果役。三年，余去官归。其冬，应以书来曰：役且毕矣，向所言者今无不酬。石具而未有文，敢以请。书再至，请益勤，余不获辞。释氏行乎中土千余岁，余生长浙右，见其徒皆赤手兴大役，捐金输赆，闻者争劝，其规制奢广，飞檐杰栋、金碧晃耀，往往谈笑而成之。视应所为，若不足乎纪。顾民俗有富贫，缘法有深浅，以彼其易，以此其难，所遭者固殊焉。要之释氏之教，以空摄有，所谓华严楼阁，克遍十方，毗耶室中，容纳广坐，回观世间诸所有相皆是虚妄，尚复区区较计于规模之广狭，功力之难易哉！均之以有为法作佛事，而其艰勤积累，苦行劳力，视夫因顺乘便，持福祸之说以耸动世俗，而为偷食安座之资者犹愈也。故乐为之书。嘉定四年十二月（1211）教授陈振孙撰。（录自明万历《溧水县志》卷之八，艺文）

从碑文中，也给我们透露以下几点信息。

一是大概指明了出生地域。"余生长浙右"，"浙右"即浙江西部，古代地图——上南下北左东右西，南宋细分为浙西路和浙东路，此"浙西"指浙西路或浙西路的西部？当然，这是一个包括了安吉在内的大范围。也为后人研究直斋的生平提供了一份确凿的文献资料。

二是体现了浓浓乡情。直斋出生的梅溪时属吴兴，"绍兴十七年（1147），吴兴僧如日驻锡此地，得古井焉，浚之以饮行旅"，老家的如日和尚常驻于华胜寺基址，到了乾道五年（1169），正式立下庙名。游子悠悠心，浓浓故乡情，直斋在当地为官，自然格外关注如日，关注华胜寺。

三是知其行文风范。直斋作此碑记，行文严谨而有法度，颇具匠心。首先写华胜寺周边景物，山水意境流于笔端。其次写华胜寺建置本末，娓娓道来。文末稍加作者议论。从中还可窥见南宋佛教建筑特色，是一篇非常精致的"记"。

当然，从碑文字里行间中，还为我们透露直斋些许性格。直斋性格喜安静，从"余乐其境幽胜，每至辄裴回不能去"可以看出。

陈振孙《陈忠肃公祠堂记》

日前，笔者购得宋林表民编《赤城集》，卷八载《陈忠肃公祠堂记》，此为直斋所撰之记其中一篇，全文如下：

故赠谏议大夫忠肃陈公，立朝著节，为宋名臣，去之有余岁，其精忠确论、绝识危行，士无贤不肖，皆口诵心慕，磊磊落落，若前日事。孟子有言："奋乎世之上，世之下闻者，莫不兴起也。"公之谓矣。始公事佑陵，为谏官，首论蔡京交结外戚，谪监当。未几，以司摄，夕拜，又坐上时相书，言私史、边费，谪外祠；遂入党籍，迁岭表。甫自便，则又以子讼蔡氏不轨，谪通川。以进《尊尧集》，谪天台。晚稍牵复，则又以飞语连徙南康、山阳以殁。其平生出处本末如此。知、仁、勇，天下之达德也。士生斯世，维其知不足以知，勇不足以行，仁不足以守，则至于败名丧节，失国负身而不恤。夫既知之矣，而行之或不决，守之或不固者，亡他焉，其知之非真知故也。是故三达德，以知为首，而《大学》《中庸》之教，必于明德、明善拳拳焉，公之攻蔡氏不遗余力，至以射马擒王为喻。凡人孰不乐富贵而悲贫贱，公视美官若将浼己，而甘心于废放窜斥；凡人之蒙患难，始而安，中而悔，终而变者有矣。公坐谪至六七不变，卒穷以死，可谓行之决而守之固矣。其论绝灭史学。比之王衍，谓必有南北分裂之祸。方是时，天下承平，不见牙蘖。未三十年而其言信，虽灼兆食墨，揲蓍命繇，不足喻其先见之审也。公之所以大过人者，岂非《大学》《中庸》所谓明德、明善之君子，而兼天下之达德者欤？公之在台凡五年，始至，无以居，借僦皆莫与；未迁寓宝城之僧舍，故老相传，能指其处。绍定癸巳，赵侯为州，访公遗迹而得之。深为昔贤迁谪之地，往往有祠，以见其高山景行之意，如韩文公之于潮、苏文忠公之于黄，邦人至今奉尝不懈。台人之于公，不可以莫之知也，迁即其处而祠焉。明年正月祠成，择郡士林表民掌之，取田之在官者十有二亩，畀寺僧以为晨香夕灯之费，而属振孙为之记。后学不佞，何足以识先儒之大节，窃尝论之，其事如右，遂书以遗台人，使刻之。侯名必愿，丞相忠定公嗣孙。妙年擢世科，立身有家法，为政识大体，历数郡皆有循声能名，他举错率类是，不尽纪。今以直秘阁，知婺州。

文中提及的"忠肃陈公"即陈忠肃，名瓘，字莹中，南剑州沙县人，《宋史》卷三百四十五有传。直斋在文中述忠肃大节，推崇备至，均符史实。文中之赵必愿，字立夫，丞相忠定公赵汝愚嗣孙，《宋史》卷四百一十三有传。其传略云：

（绍定六年癸巳），诏依旧主管官告院兼知台州，一循大父之政，察民疾苦，抚摩凋瘵，修养

济院，建陈瓘祠，政教兼举。端平元年，以直秘
阁，知婺州。

史谓赵必愿"建陈瓘祠"，参证直斋此记，是祠始建于
绍定六年（1233），而成于端平元年（1234）正月。唯祠成
未久，赵必愿即"以直秘阁，知婺州"，故直斋云"今以直
秘阁，知婺州"。此记与史传正相吻合。"祠成未久"大约在
端平三年（1236），58岁的直斋以朝散大夫知台州，兼权浙
东提举常平茶盐事，赵必愿已到婺州任职，未能为祠堂作
"记"，以此事相委于直斋。据此推测，此记之作年当为端平
三年（1236）。

陈瓘的著作及相关资料，见于《书录》有如下几条。

《四明尊尧集》一卷，司谏延平陈瓘莹中撰。专辨王安
石《日录》之诬僭不孙，与配食坐像之为不恭。瓘初在谏
省，未以安石为非，合浦所著《尊尧集》犹回隐不直，末乃
悔之，复为此书。以谓蔡卞专用《日录》以修《神宗实录》，
薄神考而厚安石，尊私史而压宗庙，以是编类其语得六十五
条，总而论之。坐此羁管台州。

《尊尧录》八卷，延平罗从彦仲素撰。从彦师事杨时，
而李侗又师从彦，所谓南剑三先生者也。从彦当靖康初，以

为本朝之祸，起于熙、丰不遵祖宗故事，故采四朝事为此录，及李沆、寇准、王旦、王曾、杜衍、韩琦、范仲淹、富弼、司马光、程颢名辅巨儒十人言行，附于其后。末有《别录》一卷，专载司马光论王安石、陈瓘论蔡京奏疏，欲上之朝，不果。嘉定中，太守刘允济得其书奏之，且为版行。

《熙宁日录》四十卷，丞相王安石撰。本朝祸乱萌于此书，陈瓘所谓尊私史而压宗庙者。其强愎坚辩，足以荧惑主听，钳制人言。当其垂死，欲秉畀炎火，岂非其心亦有所愧悔欤！既不克焚，流毒遗祸至今为梗，悲夫！书本有八十卷，今止有其半。

《了斋集》四十二卷，司谏延平陈瓘莹中撰。江应辰为集序，以为出死力攻权奸者，天下一人而已矣。非虚语也。

直斋在其《书录》《四明尊尧集》中，谓陈瓘"专辨王安石《日录》之诬僭不逊，与配食坐像之为不恭"。"谓蔡卞专用《日录》以修《神宗实录》，薄神考而厚安石，尊私史而压宗庙，以是编类其语得六十五条，总而论之。坐此羁管台州"。

这些解题与《宋史》本传，互为表里，相互印证，对研究陈瓘生平行谊及其志节和宋史，都是可贵的史料。

陈振孙《宝刻丛编》序

丁酉初冬，笔者购得中华书局编印的《宝刻丛编》五册二十卷。内有"俞子中父志""保居敬记"两篇跋，另有鹤山翁（书）、孔山居士书、直斋陈伯玉父（书）等四篇序。

《宝刻丛编》简介

《宝刻丛编》收集了从秦代石鼓文、诅楚文到五代的石刻文字目录，除碑刻外，也包括少量铜钲、铜钟和铁器的铭文。还选收了部分法帖。以《元丰九域志》所载的南宋行政区划（京府州县）为纲编排。每一地方的石刻又按其年代

▲ 南宋睦亲坊陈宅书籍铺示意图

顺序排出。如卷十三为"两浙东路"、卷十四为"两浙西路"（今浙江省）。文中"安吉州"指湖州，包括现今安吉县区域。翻遍"两浙西路"章节，似无本境相关石刻。

"安吉州"的建置名称历经几次变化。据 1994 年版《安吉县志》记载：汉灵帝中平二年（185），分故鄣县南境置安吉县。南宋宝庆元年（1225），改湖州为安吉州，治所在乌程、归安二县（今浙江湖州市城区），辖境当今浙江湖州市及德清、安吉、长兴三县。至元十三年（1276）改安吉州为湖州路，安吉县属之。明正德元年（1506），升安吉县为州，次年领孝丰一县，属湖州府，治所在今浙江安吉县北安城，辖境当今安吉县全境。清乾隆三十九年（1774），降安吉州为县，与孝丰并属湖州府。"两浙西路"所指"安吉州"即南宋宝庆元年（1225）至至元十三年（1276），其间 51 年。

直斋所撰序

直斋为《宝刻丛编》所撰序文如下。

> 始欧阳兖公为《集古余》，有卷秩次第，而无时世先后。赵德甫《金石录》，迨自三代秦汉

而下叙次之，而不著所在郡邑。及郑渔仲作《系时》《系地》二录，亦疏略弗备。其他如《诸道石刻录》《访碑录》之类，于所在详矣，而考订或失焉。都人陈思卖书于都市，士之好古博雅蒐遗猎忘以足其所藏。与夫故家之沦坠不振，出其所藏以求售者，往往交于其肆。且售且卖，久而所阅滋多，望之辄能别其真赝。一旦尽取诸家所录，辑为一编，以今九域京府州县为本，而系其名物于左，昔人辩正审定之语具著之。既锓本首以遗余，求识其端。凡古刻所以贵重于世，欧阳公以来，言之悉矣，不待余言。余独感夫古今宇宙之变，火焚水漂，陵夷谷堙，虽金石之坚，不足保恃。载祀悠缅，其毁勿存，存弗全者，不胜数矣。矧今河洛尚隔版图，其幸而存且全可椎搨者，非边牙市不可得，得或贾兼金，固不能家有而人见之也。则得是书而观之，犹可想象仿佛于上下数千载间，其不谓之有补于斯文矣乎？思，市人也。其为是编，志于卖而已矣，而于斯文有补焉。视他书坊所刻，或芜酿不切，徒费板墨靡棕楮者，可同日语哉！诚以是获厚利，亦善于择术矣。余

故乐为之书，是亦柳河东述宋清之意云尔。绍定
辛卯小至，直斋陈伯玉父。

陈思其人其事

序中所载陈思，字续芸，约生活在宋理宗时（1225—
1264）。陈思之父为陈起，字宗之，钱塘人，开书肆于睦亲
坊，亦号陈道人，亦称陈解元。

陈思子承父业，继续在都城临安睦亲坊棚北大街开设
书肆，从事编书、刻书、售书和藏书活动。曾编刊《宝刻
丛编》《海棠谱》《书苑英华》《小字录》及《两宋名贤小集》
等，其书卷帙浩繁，有较大的文献价值。他还研校古籍，辨
别真伪，凡得珍本就收藏起来，因此所藏珍本秘籍颇多。自
著《书小史》10卷，收录自远古伏羲神农到五代十国书法
家共533人，各系以小传。编排方式仿照封建时代的"正
史"体例，有"记"有"传"，内容较为简略，是我国书法
史上第一部通史，有开创之功。

陈思性嗜古，喜收罗古籍以藏。与父陈起开"陈宅书籍
铺"，流通古籍甚多。将自己所藏古本，版刻梓行，几十年
间刻遍唐、宋人诗集。所刊刻之书，在书后大都刻有"临安

府棚北大街睦亲坊南陈宅书籍铺刊行"牌记，雕印精良，与官刻有所区别，为历代藏书家所珍重。

直斋于绍定元年任军器监簿后，生活于临安城。陈宅书籍铺高雅的品位和不断更新的内容，引起直斋关注，经常于陈思处访书，两人渐为书友，多有往来。直斋于序中对其称赞有加，云："都人陈思卖书于都市……尽取诸家所录，辑为一编。""思，市人也。其为是编，志于卖而已矣，而于斯文有补焉。"在《书录》卷八《宝刻丛编》条又云："临安书肆陈思者，以诸家集古书录，用《九域志》京、府、州、县系其名物，而昔人辨正审定之语，具著其下，其不详所在，附末卷。"陈思书籍铺经营的书，在《书录》中自然占有不小比例。可见直斋与陈思关系之一斑。

此文对研究直斋之金石学和义利观，很有帮助。

陈振孙《玉台新咏》后叙

　　《玉台新咏》是一部上继《诗经》《楚辞》下至南朝梁代的诗歌总集，历来认为是南朝徐陵在梁中叶时所编。收诗769 篇，计有五言诗 8 卷，歌行 1 卷，五言四句诗 1 卷，共为 10 卷。除第 9 卷中的《越人歌》相传作于春秋战国之间外，其余都是自汉迄梁的作品。内容中多收录男女感情的记述表达，以及日常生活的方方面面，刻画出古代女子丰富的感情世界，也展示出深刻的社会背景和汉族文化内涵。

直斋所撰《玉台新咏》后叙

右《玉台新咏集》十卷，幼时至外家李氏，于废书中得之，旧京本也。宋失一页，间复多错谬，版亦时有刓者。欲求他本是正，多不获。嘉定乙亥在会稽，始从人借得豫章刻本，财五卷。盖至刻者中徙，故弗毕也。又闻有得石氏所藏录本者，复求观之，以补亡校脱。于是其书复全，可缮写。夫诗者，情之发也。征戍之劳苦，室家之怨思，动于中而形于言，先王不能禁也。岂惟不能禁，且逆探其情而著之，东山、杕杜之诗是矣。若其他变风化雅，谓"岂无膏沐，谁适为容""终朝采绿，不盈一掬"之类，以此集揆之，语意未大异也。顾其发乎情则同，而止乎礼义者盖以矣！然其间仅合者亦一二焉。其措辞托兴高古，要非后世乐府能及。自唐《花间集》已不足道，而况近代狭邪之说，号为以笔墨动淫者乎！又自汉魏以来作者皆在焉，多萧统《文选》所不载，览者可以睹历世文章盛衰之变云。是岁十月旦日书其后。永嘉陈玉父。

直斋的诗学观

直斋在序中陈述了自己的诗学观点，又用这种观点全面衡量《玉台新咏》诸作，肯定了其中一部分佳作，对集中"变风化雅"之类激烈攻讦，称其"发乎情则同，而止乎礼

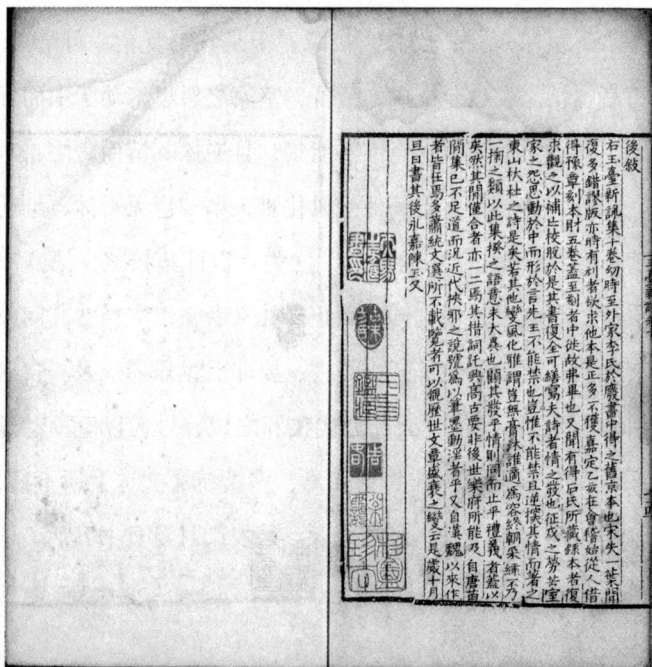

▲《玉台新咏》后叙（徐陵撰版本）

义者盖以矣"。这反映出直斋当时的诗学观点是典型的儒家正统观点。直斋还用这种观点评议同为抒情诗体的词，认为《花间集》与《玉台新咏》中"托兴高古"之佳作相比"不足道"，不可同日而语。

直斋以诗学观点，以前人的标准绳墨后代之《花间集》，自然难免对其颇有微词。但是，直斋斥责《花间集》之流内容"狭邪""劝淫"，有伤风化，有违风雅正道，却正好鲜明地反映出他从政治教化的高度，用"发乎情，止乎礼义"的儒家正统思想来规范、限定词作内容的意图和主张。对龙川词的批评也是这种主张的。这样一来，直斋就将词的内容驱赶到儒家思想所设定的轨道上，使词只能在"儒雅"之路上一直走下去，不能越雷池半步。

直斋这种雅正的词学观念投射在创作主张上，其表现之一是：论词必论其人，兼重人品词品。直斋力求通过对人品的强力规范，从创作主体一侧强化对词作内容的要求，达到其捍卫词作内容雅正的目的。

此后叙作于宋宁宗嘉定八年（1215）。直斋在《书录》中对《玉台新咏》记录如下：

《玉台新咏》十卷。陈徐陵孝穆集。且为作序。

陈振孙题跋《十咏图》

近日，笔者购得宋吴兴人周密著《齐东野语》一册。见卷十五《张氏十咏图》条载：

> 先世旧藏吴兴张氏《十咏图》一卷，乃张子野图其父维平生诗，有十首也。
>
> 其一，《太守马大卿会六老于南园》云：贤侯美化行南国，华发欣欣奉宴娱。政绩已闻同水薤，恩辉遂喜及桑榆。休言身外荣名好，但恐人间此会无。他日定知传好事，丹青宁羡《洛中图》。
>
> 其二，《庭鹤》云：戢翼盘桓傍小庭，不无清

夜梦烟汀。静翘月色一团素，闲啄苔钱数点青。终日稻粱聊自足，满前鸡鹜漫相形。已随秋意归诗笔，更与幽栖上画屏。

其三，《玉蝴蝶花》云：雪朵中间蓓蕾齐，骤闻尤觉绣工迟。品高多说琼花似，曲妙谁将玉笛吹。散舞不休零晚树，团飞无定撼风枝。漆园如有须为梦，若在蓝田种更宜。

其四，《孤帆》云：江心云破处，遥见去帆孤。浪阔疑升汉，风高若泛湖。依微过远屿，仿佛落荒芜。莫问乘舟客，利名同一途。

其五，《宿清江小舍》：（原注破损，仅存一句）菰叶青青绿荇齐。

其六，《归燕》云：社燕秋归何处乡，群雏齐老稻青黄。犹能时暂栖庭树，渐觉稀疏度范墙。已任风庭下帘幕，却随烟艇过潇湘。前春认得安巢所，应免差池拣杏梁。

其七，《闻砧》云：遥野空林砧杵声，浅沙栖雁自相鸣。西风送响暝色静，久客感秋愁思生。何处征人移塞帐，即时新月落江城。不知今夜捣衣曲，欲写秋闺多少情。

其八，《宿后陈庄》云：腊冻初开苕水清，烟村远郭漫吟行。滩头斜日凫鹥队，枕上西风鼓角声。一棹寒灯随夜钓，满犁膏雨趁春耕。谁言五福仍须富，九十年余乐太平。

其九，《送丁逊秀才赴举》云：鹏去天池凤翼随，风云高处约先飞。青袍赐宴出关近，带取琼林春色归。

其十,《贫女》云:荆簪掠鬓布裁衣,水鉴虽明亦懒窥。数亩秋禾满家食,一机官帛几梭丝。物为贵宝天应与,花有秋香春不知。多少年来豪族女,总教时样画蛾眉。

孙觉莘老序之云:富贵而寿考者,人情之所甚慕,贫贱而夭短者,人情之所甚哀;然有得于此者,必遗于彼。故宁处康强之贫,寿考之贱,

▼ 北宋张先十咏图卷(部分)

不愿多藏而病忧，显荣而夭短也。赠尚书刑部侍郎张公讳维，吴兴人。少年学书，贫不能卒业，去而躬耕以为养。善教其子，至于有成。平居好诗，以吟咏自娱。浮游闾里，上下于溪湖山谷之间，遇物发兴，率然成章，不事雕琢之巧，采绘之华，而雅意自得。徜徉闲肆，往往与异时处士能诗者为辈。盖非无忧于中，无求于世，其言不能若是也。公不出仕，而以子封至正四晶，亦可谓贵；不治职，而受禄养以终其身，亦可谓富；行年九十有一，可谓寿考。夫享人情之所甚慕，而违其所衰，无忧无求，而见之吟咏，则其自得而无怨怼之词，萧然而有沉澹之思，其亦宜哉。公卒十八年，公子尚书都官郎中先亦致仕家居。取公平生所自爱诗十首，写之缣素，号《十咏图》，传示子孙，而以序见属。余既爱侍郎之寿，都官之孝，为之序而不辞。都官字子野，盖其年八十有二云。

此事不详于郡志，而张维之名亦不显，故人少知者。会直斋陈振孙贰卿方修《吴兴志》，讨摭旧事，见之大喜。遂传其图，且详考颠末，为之跋云（以下根据原本录文字）：

庆历六年，吴兴太守马寻宴六老于南园。酒酣赋诗，安定胡先生瑗教授湖学，为之序。六人者：工部侍郎郎简，年七十九；司封员外郎范说，年八十六；卫尉寺丞张维，年九十一，俱致仕。刘余庆，年九十二；周守中，年九十五；吴琰，年七十二，三人皆有子弟列爵于朝。刘殿中丞，述之仲父；周大理丞，颂之父；吴大理丞，知几之父也。诗及序刻石园中，园废，石亦不存，事载《续图经》及胡安定《言行录》。余尝考之，郎简，杭人也，或尝寓于湖；范说，咸平三年进士，同学究出身；周颂，天圣八年进士；刘、吴盛族，述与知几皆有名迹可见；独张维无所考。近周明叔使君得古画一轴，号《十咏图》，乃维所作诗也，首篇即南园燕集所赋，孙觉莘老序之，其略云：赠刑部侍郎张公维，生平喜吟咏，行年九十有一，卒后十八年，其子都官郎中先亦致仕家居，取公所自爱诗十首写之缣素，以序见属，盖其年八十有二云。于是知其为子野之父也。子野年八十五犹买妾，东坡为之作诗，实熙宁癸丑作图之年八十有二则庚戌也。逆数而上，求其生平，当在端拱己丑，其父享年九十有一。当马守燕六老之岁实庆历丙戌，逆数而上，求其生平，则周世宗显德丙辰也。后四年宋兴，自是日趋太平极盛之世，以及于熙宁甲子载周矣，子野于其间擢儒科，登膴仕，为时闻人。赠其父官四品，仍父子皆旄期，流风雅韵，使人遐想慨慕，可谓吾乡衣冠之盛事！然世固知有子野而不知有其父也。自庆历丙戌后十八年，子野为《十咏图》，当治平甲辰。又后八年，孙莘老为太守，为之作序，当熙宁壬子。又后一百七十七年，当淳祐己酉，其图为好古博雅君子所得，会余方修《吴兴人物志》，见之如获拱璧，因细考而详录之，庶几不朽于世。其诗亦清丽闲雅，如“滩头斜日凫鹭队，枕上西风鼓角声”，又“花有秋香春不知”，皆佳句也。子野之墓在弁山多宝寺，今其后影响不存。此图之获传，岂不幸哉！本朝有两张先，皆字子野。其一博州人，天圣二年进士，欧阳公为作墓志；其一天圣八年进士，则吾州人也。二人姓名字偶皆同，而又同时，不可不知也，故并记之。余既为明叔书

卷后，且为赋诗：平生闻说张三影，十咏谁知有
乃翁。逢世升平百年久，与龄耆艾一家同。名贤
序述文章好，胜事流传绘画工。遐想盛时生恨晚，
恍如身在此画中。

庚戌七月五日，直斋老叟书，时年七十有二。
后六年，从明叔借摹，并录余所跋于卷尾而归之。
丙辰中秋后三日也。

（陈氏山房之印）（朱文）

周密在《张氏十咏图》条下又记有如下文字，读之，为
周语：

南园故址在今南门内，牟存叟端平所居是
也。其地尚为张氏物，先君为经营得之，存叟大
喜，亦常赋五绝句，其一云：买家喜傍水晶宫，正
是南园故址中。我欲筑堂名六老，追还庆历太平
风。盖纪实也。余家又偶藏子野诗一帙，名《安
六集》，旧京本也。乡守杨嗣翁见之，因取刻之郡
斋。适二事皆出余家，似与子野父子有缘耳。

张先，字子野。天圣八年（1030）进士，治平元年以都官郎中致仕。张先以词名世，是宋初小令的代表作家，与柳永齐名。人称"张三中"，自况"张三影"。居家后，取其父上引"平生所自爱诗十首，写之缣素，号《十咏图》"。创作目的，仅为"传示子孙"。从这幅《十咏图》看，其画技造诣极高。此画为其生平唯一画品，故尤为珍贵。画成后八年，即熙宁五年（1072），孙觉来守湖州，应张先之请，为这卷《十咏图》作序。南宋淳祐九年（1249），此画为周密之父所得。次年，直斋为此画题跋。画前引首有清乾隆皇帝弘历手书"诵芬写妙"四字。还有元代颜尧焕 87 岁书法题跋。拖尾有脱脱木儿书法跋。

《十咏图》到清乾隆年间，收入内府著录在所编《石渠宝笈·续编》重华宫；同时，阮元《石渠随笔》亦记述此图所画的内容。清王朝灭亡以后，此图被溥仪运至长春伪皇宫。1945 年，此图流落民间，被东北一李姓人士家藏。1995 年，北京翰海秋季拍卖会上，故宫博物院最终以 1800 万元竞得此《十咏图》，使得流散在民间长达 50 年的故宫珍藏，重归故宫，可见其珍贵之处，启功先生当年说"值得"。

武秀成教授记说：今振孙摹本失传而原本仍幸存于世，

为设色绢本，图卷后有陈振孙长跋一篇，较周密所载多文末署年数十字，即"庚戌七月五日，直斋老叟书……丙辰中秋后三日也"四十四字。丙申夏，笔者向同村好友请教欣赏直斋题跋书法，如此行书，用笔稳健、庄严大方、神气充足。乡贤佳作，难得难得。

　　笔者未见原画。以上录自周密著《齐东野语》、武秀成著《陈振孙评传》、方健文《横看成岭侧成峰》、老军文《世间孤品〈十咏图〉沉浮录》等。《十咏图》所记载当时的文化活动、名人序跋及有关人物，都是唯一的现存第一手资料，时至今日，越发显得弥足珍贵。

图海乡愁

TUHAI

XIANGCHOU

附　录

陈振孙的亲友

　　从梅溪邸阁山下走出安吉的直斋，作为宋代藏书第一大家、著名目录学家，《宋史》却无直斋之传记；明清以来，安吉志书亦未对直斋及其著作进行全面完整的整理与记载，这对后人研读先贤带来困难。至于先贤的亲友圈如何，只有通过卢文弨、沈叔埏、张宗泰、陆心源、陈祺寿、陈乐素、乔衍琯、何广棪等诸位大家对直斋的研究去了解了。现录如下。

一、直斋的亲戚

　　周行己（1067—1124），字恭叔，学者称浮沚先生，永嘉人，是直斋的外曾祖父（母亲的祖父）。元祐六年（1091）进士，从学伊川，为程门著名弟子，撰有《程伊川（颐）语录》。历任河南原武县知县、太学博士，温州府学教授，乐清县知士，秘书省正字等职，是永嘉学术的先驱。《书录》卷十七《浮沚先生集》条云："先祖妣先生之第三女，先君子其自出也。故知其本末。"可见，永嘉学术之祖对直斋的成长有间接影响，这从直斋在宝祐二年为楼昉所编《崇文古诀》作序中也可得出。

周氏，永嘉学者周行己的三女儿，是直斋的祖母（奶奶）。

陈某，直斋的祖父（爷爷），记录鲜见，与李迎为连襟，同为周行己女婿。周必大《朝奉大夫李君迎墓表》叙李迎事：李迎于乾道初（约1165）出任明州通判，不久回京，恰适秩满，请求奉祠，得"主管台州崇道观"，得"归寓湖州新市镇萧寺中"。其时当在乾道四年（1168）。而乾道四年李迎为直斋之父参加秋试赋诗送行，从时间上看，其送行地点正当在湖州。由此推测，直斋家族由永嘉迁安吉，至少在其祖父已然。

陈秀才，字号不详，是直斋的父亲。受永嘉学术影响，专治《易》学且有名声，曾参加戊子年（1168）秋试。秋试，即乡试，中者入朝廷尚书省试。《书录》卷十八《济溪老人遗稿》条云："通判明州济源李迎彦将撰。永嘉周浮沚先生之婿，与先大父为襟袂。集中有送先君子赴戊子秋试诗，首句'籍甚人言易已东'，盖先君子治《易》故也。"

李氏，官宦人家出身，直斋的母亲。李氏祖父即乐清县令富春李素。

李素，字见素，富阳人，直斋的外曾祖父。建炎二年（1128）进士，绍兴八年（1138）知乐清县。累官至天章阁待制，知谏院、知睦州。《书录》卷十七《丁永州集》条云："知永州吴兴丁注葆光撰。元丰（实熙宁六年）中余中榜进士。喜为歌词。有女适乐清令富春李素见素，实先姚之大父母也。"陈振孙《玉台新咏集》跋（后序）云："幼时至外家李氏，于废书中得旧京本。"可见李氏对陈振孙的学问成长也影响非浅。周行己、李素均为陈振孙的外曾祖父，二人又先后当过乐清县令。二者之关系如何惜无史实可稽。然而陈振孙在该"跋"尾置名"永嘉陈（伯）玉父"。据陈乐素《直斋书录解题作者陈振孙》一文中考证认为"题曰永嘉，殆举祖贯而言"。陈振孙的祖辈亦为永嘉人，抑因与永嘉关系极密切，才有如此署名。

陈氏，直斋的妹妹，与王林为婚。

王林，出身于官宦世家，直斋的妹夫。其事迹不详，今尚有《燕翼诒谋录》一书传世，书中有"公使库不得私用"，自称"先世所历州郡"。《四库全书总目提要》称"为杂史中之最有典据者"。其父王蔺，曾于光宗绍熙元年（1190）前后任知枢密院兼参知政事。这是直斋亲戚中可考知的历官最显赫的一位。《书录》卷八《泾川志》条云："《泾川志》，十三卷。知泾县濡须王林叔永撰。嘉定癸酉赵南塘序之。初，县岁有水患，庚午冬，叔永改卜于旧治之东二里，曰留村。"卷十六《白集年谱》条云："《白集年谱》一卷。知忠州汉嘉何友谅以居易旧治既刊其《文集》，又作《年谱》，刊之集首。始余为谱既成，妹夫王林叔永守忠录寄之，则忠已有此《谱》，视余《谱》详略互见，亦各有发明。其辨李崖州三绝非乐天作，及载晁子止之语，谓与杨虞卿为姻家，与牛僧孺为师生，而不陷牛李党中，与余暗合，因并存之。详见《新谱》末章。"可见，王林对直斋学术上的支持。

陈造，直斋的长子，自幼居安吉，后随父迁居吴兴。字周士，进士及第，曾官嘉禾通判，1256年"疽发背而殂"，直斋竟不幸遭此老年丧子之痛。《齐东野语》卷九有陈周士条云："陈周士造，直斋侍郎振孙之长子，登第为嘉禾倅摄郡。”并记载了陈造在宝庆（祐）四年季夏因小事将衙役周监酒折磨致死，十二月陈造疽发背而亡的经过。明董斯张《吴兴备志》卷二十二《经籍徵》第十八载:《韦居听舆》一卷，宋陈阙，直斋之子，雪川人。周密称陈周士为“长子”，可知直斋还有其他子嗣。

陈过，南宋进士出身，官拜监察御史。民国十四年《平阳县志》“甲科补遗”载有直斋、陈过科举记录:“陈振孙，字伯玉，居陈营。陈过，字圣规，振孙子，监察御史。”明清《平阳县志》亦有“陈过”和“陈振孙”进士记录。关于“陈过”，在明代举人项佑所修的苍南县钱库镇瀛桥《项氏宗谱》亦有相关记载:“南宋武状元项桂发原配陈氏，赠淑人，继配吴氏，封夫人，生子一女二，儿子宗亮以父荫，授秉义郎、合门舍人;大女适陈营陈察院陈过;次女适霞岭林状元之子。”因陈过官拜监察御史，故宗谱载其为“陈察院”，是武状元项桂发的女婿。周密称陈造为直斋“长子”，或许此“陈过”乃直斋之次子也。陈过居平阳陈营。

据何广棪教授据《陈书·高祖本纪》新探，若由直斋之父再向上追溯其先世，则可推至陈霸先、陈寔。陈寔（104—187），东汉时期官员，为直斋远祖。陈霸先，陈朝开国皇帝，在当时恢复南方经济、保护华夏传统文化等方面，做出了历史的贡献，为直斋之近祖。由《陈氏宗谱》可知，直斋祖上多有辉煌之历，陈道臣为太常卿、陈猛为安成太守、陈高为散骑侍郎等等。陈霸先是长兴人，为陈朝开国之圣；陈振孙是安吉人，为我国目录学之圣，"两圣"同为一族、同饮一溪之水，可谓世间难得。

二、直斋的同事

楼昉，字昉叔，号迂斋，鄞县人。少从吕祖谦学。绍熙四年进士，授从事郎，迁宗正簿。后以朝奉郎守兴化军，旋卒。端平元年赐谥复官，淳祐十年（1250）追赠直龙图阁待制。楼昉博学而好古文，从学者达数百人。为直斋的先辈和上级。《书录》卷五《东汉诏令》条云："《东汉诏令》十一卷。宗正寺主簿鄞楼昉昉叔编。大抵用林氏旧体，自为之序。帝王之制具在百篇，后世不可及矣。两汉犹为近古，愚未冠时，无书可观，虽二史亦从人借。尝于班《书》志、传录出诸诏，与纪中相附，以便览阅。既仕于越，乃得见林氏书，而楼氏书近出，其为好古博雅，斯以勤矣。惟平、献二朝，莽、操用事，如锡莽及废伏后之类，皆当削去，莽时尤多也。"对其十分推崇。直斋在宝祐二年楼昉所编的《崇文古诀》作序云："振观公之去取，至于伊川先生讲筵二疏，与夫毋致堂、澹斋二胡公所上高庙书，彼皆非靳以文著者也，而顾有取焉，毋亦道统之传，接续孔孟，忠义之气，贯通神明，殆所有本者非耶？然而公之是编，岂徒文而已哉！"对楼昉这种以文者贯道之器的文学观十分赞赏，认为是"得所以为文之法"。由此可知直斋的学术渊源的确来自周行己等所传的伊川之学，也由此可知直斋与楼昉关系密切，交情深厚。

薛师雍，字子然，号清隐，永嘉人。以父泽补登仕郎，曾任鄞县学、连江县丞。为直斋的同事。《书录》卷五《长乐财赋志》条云："《长乐财赋志》十六卷。知漳州长乐何万一之撰。往在鄞学，访同官薛师雍子然，几案间有书一编，大略述三山一郡财计，而累朝诏令申明沿革甚详。其书虽为一郡设，于天下实相通。问所从得，薛曰：'外舅陈止斋修《图经》，欲以为《财赋》一门，后缘卷帙多，不果入。'因借录之，书无标目，以意命之曰《三山财计木末》。及来莆田，为郑寅子敬道之，郑曰：'家有何一之《长乐财赋志》，岂此耶？'复借观之，良是。其间亦微有增损，末又有《安抚司》一卷。并钞录附益为全书。"

三、直斋的同乡和朋友

程大昌（1123—1195），字泰之，徽州休宁人。绍兴进士。乐吴兴溪山之胜而卜居，晚在安吉梅溪乡邸阁山规堃未成而卒，谥文简。为直斋先辈和同乡，所以，直斋与程大昌后代多有来往。如《书录》《孙子》十卷："题晋孙绰兴公撰。恐依托。《唐志》及《中兴书目》并无之。余从程文简家借录。"又如《槁简赘笔》二卷："承议郎章渊伯深撰。始得此书于程文简氏，不知何人作，文简题其后，以其中称先丞相申公，知其为章子厚子孙也。余又以其书考之，言先祖光禄，元祐三年省试，东坡知举，擢为第一，则又知其为援之孙也。后以问诸章，始得其名字。其人博学有文，以场屋待士薄，如防寇盗，用荫入仕，遂不就举，居长兴，故序称若溪草堂。渊自号惩窒子。序言录为五卷，今此惟分上下卷。"均传录自程文简家。

程荣，字仪甫，号随斋，元时人，程大昌曾孙，与直斋同时同里，交往自然密切，所以，才有可能得其《书录》手稿，并为之批注传抄行世。

谢采伯（1168—1231），字元若，浙江台州临海人，南宋嘉泰二年（1202）进士，历知严州、徽州、湖州、广德军及大理寺丞、大理寺正、保康军承宣使等，以节度使终。卒赠魏国公，谥文靖。著有《密斋笔记》五卷，《续记》一卷。据何广棪先生考，谢采伯曾经是直斋任军器监簿时的长官。其父为宋朝丞相谢深甫。其弟谢渠伯，字元石，号南山，官至朝奉大夫通判澧州。其七个儿子中，谢奕修最为荣显，历官秘阁修撰、知温州兼节制镇海水军、知绍兴府、集英殿修撰、宝谟阁直学士等，精鉴别，收藏历代法书名画甲于一时。

洪咨夔（1176—1236），字舜俞，号平斋，临安於潜人。嘉泰进士，授如皋主簿，累官至刑部尚书、翰林学士，知制诰，加端明殿学士。卒谥忠文。为直斋同辈人。洪咨夔《平斋文集》卷十八有《军器监簿陈振孙除诸王宫大小学教授制》，文中称直斋"尔静而不竞，简而不华，可谓端懿矣"。

刘克庄（1187—1269），初名灼，字潜夫，号后村，福建莆田县人，初为靖安主簿，后长期游幕于江、浙、闽、广等地。为直斋的同辈人。笔者近购《后村先生大全集》第三册复印件，卷七十五《外制》所载《故通奉大夫宝章阁待制致仕陈振孙赠光禄大夫制》云："疏傅贤哉，方遂挥金之乐；魏公逝矣，可胜亡鉴之悲。于以饰终，为之揽涕。具官某，其文秋涛瑞锦，其姿古柏寒松。早号醇儒，得渊源于伊、洛；晚称名从，欲辈行于乾、淳。若凤仪麟获而来，以鳣舞狐噭而去。生刍一束，莫挽于遄心；宝带万钉，少旌于耆德。尚期难老，胡不憖遗？噫！德比陈太丘，素负海内之望；官如颜光禄，用为宰上之题，可。"这里指出直斋的学术渊源于伊、洛，可见周行己对其的影响。《书录》卷五《后魏国典》条云："《后魏国典》三十卷。唐太常少卿元行冲撰。行冲以系出拓跋，乃撰《魏典》三十篇，文约事详，学者尚之。此本从莆田刘氏借录，卷帙多寡不同，岁月首尾不具，殆类钞节，似非全书。"

徐元杰（1196—1246），字仁伯，号梅野，上饶县八都黄塘人。侃直敢言，不避权势。为直斋同辈人。徐元杰《梅野集》卷七《陈振孙授国子监司业制》云："尔振孙研精经术，有古典型，扬压滋深，靖退自若。"直斋承家学渊源而钻研经学，待人接物，一以儒为归。故周密《癸辛杂识别集》载："嵩之之起复也，匠监徐元杰攻之甚力"，"未几暴亡，或以为嵩之毒之而死"，"少司成陈振孙，察官江万里并有疏，遂将医官人从厨子置狱"。直斋为徐元杰鸣冤，可知其刚正不阿之儒者风范。

郑寅，字子敬，一字承敬，号肯亭，莆田人，南宋藏书家。一生所积图书甚富，编撰家藏书目为《郑氏书录》7卷，早佚。为直斋同辈人，直斋在莆田时与郑寅来往甚密。《书录》卷五《中兴纶言集》云："左司郎中莆田郑寅子敬编。寅，知枢密院侨之子，靖重博洽，藏书数万卷，于本朝典故尤熟。"《书录》卷五《长乐财赋志》云："及来莆田，为郑寅子敬道之……复借观之，良是……并钞录附益为全书。"直斋在编《书录》时也采纳了郑寅的意见，卷十四条云："晚得郑子敬氏《书目》独不然，其为说曰：仪注、编年，各自为类，不得附于《礼》《春秋》，则后之乐书，固不得列于六艺。今从之，而著于子录杂艺之前。"由此可见郑寅在目录学方面对直斋有过很多的帮助。

　　陈泌，字师复，兴化军莆田人。为直斋同辈人。据《福建通志》卷百二十七《兴化军绩》条云："陈振孙，永嘉人，宝庆二年兴化军通判。尝佐郡人陈泌修濠塘，逾月而成，学田克复。"又据刘克庄《后村先生大全集》卷八十八《兴化军新城》《兴化军平粜仓》《新收三步泄》《重修太平陂》等文载：时郡人陈泌有版筑之议，知兴化军曾用虎，字君遇，晋江人。锐意为之，又建平粜仓以济民，建三步泄溉田千顷，修太平废陂以利民。直斋皆积极参与其中，可见直斋在莆田任内是做出一定政绩的。

牟子才，字存叟，号存斋，井研（今属四川）人。有《存斋集》，已佚。为直斋同辈人。据牟子才之子牟巘《陵阳集》卷十七《题施东皋南园图后》云："直斋陈贰卿与先父有同朝好。"牟子才后卜居吴兴。

吴子明，安吉知州。据《宋史》《牟子才传》云："御史诬劾子才，帝疑之，密以椟问安吉守吴子明。子明奏曰：'臣尝至子才家，四壁萧然，人咸知其贫。陛下无信谗言。'"为牟子才辩护。由此可见吴子明为人。直斋致仕在家，由于牟子才的关系，才与地方官员吴子明有交往。

陈思，亦称陈道人。著有《宝刻丛编》《书苑菁华》《书小史》等，汇刻《两宋名贤小集》，居临安府棚北大街。为直斋书友。《书录》卷八《宝刻丛编》条云："临安书肆陈思者，以诸家集古书录，用《九域志》京、府、州、县系其名物，而昔人辨正审定之语，具著其下，其不详所在，附末卷。"直斋为之作序云："都人陈思卖书于都市，取诸家所录，辑为一编。""思市人也。其为是编，志于卖而已矣，而于斯文有补焉。"陈思书籍铺经营的书，在《书录》中自然占有不小比例，可见直斋与陈思关系之一斑。另外，直斋与临安书商陈起等都有密切往来。

周密（1232—1298），字公谨，号草窗等。南渡后居吴兴。平生广交游，富藏书。为直斋后辈人。周密在《齐东野语》卷十五《张氏十咏图》条云："南园故址在今南门内，牟存叟端平所居是也。其地尚为张氏物，先君为经营得之，存叟大喜，亦常赋五绝句，其一云：买家喜傍水晶宫，正是南园故址中。我欲筑堂名六老，追还庆历太平风。盖纪实也。余家又偶藏子野诗一帙，名《安六集》，旧京本也。乡守杨嗣翁见之，因取刻之郡斋。适二事皆出余家，似与子野父子有缘耳。"可见周密之父与直斋的同朝好友牟子才交情甚深。周密极有可能因此得识于直斋。周密在《癸辛杂识别集》卷下《银花》载："高疏僚一代名人。或有议其家庭有未能尽善者，其父尝作《兰亭博义叙》，疏僚后易为《兰亭考》，且辄改翁之文，陈直斋尝指其过焉。"可见直斋在其心目中之文学地位。

马廷鸾（约 1223—1289），字翔仲，饶州乐平人。马端临的父亲。为直斋后辈人。直斋与牟子才经常过往，作为牟子才的门人，马廷鸾因此与直斋有一面之缘，故马氏能间接得到《书录》传本。故，马端临撰《文献通考·经籍考》时，才有可能采录未曾刊行的《书录》内容。

四、直斋的僧友

方外人士，如日和尚，绍兴十七年（1147），吴兴僧如日到溧水，建造华胜寺，与直斋多有往来。

何广棪教授考出直斋亲友 29 人、同僚 61 人、学术友人 22 人、僧友 1 人。本文仅列出其中四个方面计 20 余名人物，其他有待再考。

陈振孙在家乡的岁月

从现有手头的资料来看，直斋在家乡梅溪长时间居住和生活基本有三段时间：一是直斋 20 岁前，在梅溪乡村读书和生活；二是直斋 33 岁到 36 岁辞官归乡居住；三是直斋 70 岁致仕后经常回乡居住。从 37 岁开始，一直到 70 岁，这连续的 33 年里，要么在任上，要么在上任的路上，其间虽有短暂回乡时间，但都不长。直斋 20 岁前在乡村的读书生活，在前篇已有记叙。本文着重浅析直斋仕中归乡、辞官归乡、致仕归乡三个时间段。

一、仕中归乡

嘉熙四年庚子（1240），直斋返回家乡，曾向湖守王侑借《易林》校勘。《书录》卜筮类载："《易林》十六卷。汉小黄令梁焦延寿赣撰。又名《大易通变》。唐会昌丙寅越五云溪王俞序。凡四千九十六卦，其辞假出于经史，其意雅通于神祇。盖一卦可以变六十四也。旧见沙随程迥所记，南渡诸人以《易林》筮国事，多奇验。求之累年，宝庆丁亥始得之莆田。皆韵语古雅，颇类《左氏》所载《繇辞》。或时援引古事，间尝筮之，亦验。颇恨多脱误。嘉熙庚子从湖守王寺丞侑借本两相校，十得八九。其中亦多重复，或诸卦数爻共一繇，莫可考也。"此时，直斋升任浙西提举不久，已年届60岁，虽已居湖城，但返湖必返乡。这也是直斋为数不多的返乡记录。

二、辞官归乡

嘉定四年（1211），直斋从溧水县儒学教谕任上辞去官职，回到吴兴安吉，这是直斋外出做官后首次长时间居住在家里。这从直斋《华胜寺记》中所言"三年，余去官归"之"归"字可以得到确认。

　　直斋为什么要辞官回乡？笔者假设有两种可能。一种是直斋父母去世，他辞职回乡守孝三年，三年期满后重新复职。这在宋代有这样的规定，"凡官员有父母丧，须报请解官，承重孙如父已先亡，也须解官，服满后起复"。二是直斋在溧水教谕任上遇到什么突发事件，以致不得不辞职回乡。依笔者分析，第二种可能性不大，如遇到突发事件，完全可以请假回乡处理。从《华胜寺记》碑文中有这样一句话："嘉定四年十二月（1211）教授陈振孙撰"，直斋辞职回乡，但应华胜寺主僧之邀，作《华胜寺记》，其在碑文中自称"教授"，故笔者估计，辞官回乡的三年，是直斋回乡为父母守孝的三年，直斋的父亲或母亲在1210—1211年去世。

　　此时，直斋初仕人生首任教谕，俸禄不高，加之直斋家庭不富裕，"陈宅"只能安置在乡下，尚无余资迁梅溪集镇或吴兴城里。

　　家居梅溪这段时间，三年左右，其间直斋求师访友，静心学问，为人生下一阶段而积蓄能量，这是一段美好的居乡时光，在直斋人生中留下了不可磨灭的印迹，他甚至初步有了撰写《直斋书录解题》的想法。

三、致仕归乡

"大夫七十而致事"。淳祐八年戊申（1248），直斋向朝廷请求退休，主动从杭州搬回离故里安吉较近的吴兴居住。和他一起返回的，除了一家老小，还有几万卷的历年藏书资料。由于吴兴家中一时无法容纳这么多书籍，有一部分书籍他便安放在梅溪老宅中。梅溪老宅早年修建了两间小楼，园子不大，但也进行了适当打理，倒是一处雅静之地，在此养生治性、著书立说，不失为一处难得的佳地。有了书，小楼便有了灵性，直斋给藏书楼取名曰"陈氏山房"。

在陈氏山房，直斋完成了《吴兴人物志》的修撰。在修撰《吴兴人物志》的过程中，直斋与同乡周密交往亦密。周密（1232—1298），字公谨，号草窗，又号霄斋、萧斋，南宋词人、文学家。其先人因随高宗南渡，落籍吴兴，置业于弁山南。周密能诗，擅书画。笔记体史学著作有《齐东野语》等，对保存宋代杭州京师风情及文艺、社会等史料，贡献很大。曾在吴兴家中设"书种""志雅"两座藏书楼，曾藏书 42000 余卷。直斋曾向周密之父借阅过张先的《十咏图》，并将过去撰写的跋文书于原图卷尾。

乡里凡是与书有关的活动，均邀请直斋参加。如淳祐十一年（1251），天台郭居和建梅溪书堂，即征求他的意见，并请求他的帮助，直斋不仅在吴兴乃至京城大力募捐，而且还将陈氏山房的部分书籍捐赠给学堂。

　　"叶落归根"，远离了政治生涯的钩心斗角，直斋又融入了西苕溪边的休闲宁静。平日或在菜园劳作，或友人来访，偶尔也去周边学校授课，有时听说吴兴街上有好书，他便又赶到吴兴求书。直斋的退休生活是丰富多彩的，但他大部分的精力，还是放在收书访书、撰写《书录》上面。

后　记

　　陈振孙是我国古代著名藏书大家、目录学家，成就了我国第一部以解题之名著称的解题目录《直斋书录解题》，且其著录的书籍较之叶梦得、郑樵、晁公武等更多更广，对其后档案馆、图书馆的发展作出了极大的贡献。

　　经过近 6 年的努力，《图海乡愁》终于付梓。这既是我们学习、宣传安吉先贤陈振孙的过程，也与我们在图书馆、档案馆的工作有关，更是我们对地方文化应尽的责任。

　　在此需要特别说明的是，由于资料的缺乏及专业的限制，对"书录的成书""书录的流传""书录在图书分类学上的成就""直斋的诗学观"等相关内容，我们将前人的研究成果予以收录。总之，我们所有的努力，编辑这本册子，旨在弘扬"直斋文化"，这是我们的初心。编撰的这些年中，还得到相关领导的鼓励，同人、亲友的支持，否则难以如此顺利完成。

在编写过程中，主要参考了以下著作和资料：

《直斋书录解题》（1—5册），商务印书馆，1937年；

乔衍琯先生著《陈振孙学记》，文史哲出版社，1980年；

何广棪先生著《陈振孙之生平及其著述研究》，文史哲出版社，1993年；

武秀成先生《陈振孙评传》，南京大学出版社，2008年；

徐小蛮、顾美华点校《直斋书录解题》，上海古籍出版社，2015年；

张守卫先生著《直斋书录解题研究》，安徽大学出版社，2015年；

另外还有同治《安吉县志》以及网络上的有关资料。

上述著述、地方志书和引用的资料图片及实地采访所得，限于篇幅，未能一一注明出处，在此一并表示感谢。

由于水平所限，难免有疏漏不足之处，敬请广大读者批评指正。

编　者

2020 年 4 月 23 日

图书在版编目（CIP）数据

图海乡愁：记南宋藏书大家、目录学家陈振孙 / 袁秀华，郑勇编著. — 北京：中国文史出版社，2020.6

ISBN 978-7-5205-2060-7

Ⅰ. ①图… Ⅱ. ①袁… ②郑… Ⅲ. ①陈振孙（约 1183- 约 1262）—传记 Ⅳ. ① K825.41

中国版本图书馆 CIP 数据核字（2020）第 101550 号

责任编辑：金　硕

出版发行	中国文史出版社
社　　址	北京市海淀区西八里庄路 69 号院　邮编：100142
电　　话	010–81136606　81136602　81136603　81136605（发行部）
传　　真	010–81136655
印　　装	三河市华东印刷有限公司
经　　销	全国新华书店
开　　本	787×1092　1/32
印　　张	5.875
字　　数	100 千字
版　　次	2020 年 6 月北京第 1 版
印　　次	2020 年 6 月第 1 次印刷
定　　价	42.00 元